Dieter Haller
**Die Grenze als epistemologisches Privileg**

# Diskussionspapiere – Wirtschaft, Gesellschaft und Geographie im Vorderen Orient

Herausgegeben von
Steffen Wippel

**Band 120**

Dieter Haller

# Die Grenze als epistemologisches Privileg

Mediterrane Erfahrungen

**DE GRUYTER**

ISBN 978-3-11-074928-1
e-ISBN (PDF) 978-3-11-074931-1
e-ISBN (EPUB) 978-3-11-074933-5

**Library of Congress Control Number: 2021939884**

**Bibliografische Information der Deutschen Nationalbibliothek**
Die Deutsche Nationalbibliothek verzeichnet diese Publikation in der Deutschen
Nationalbibliografie; detaillierte bibliografische Daten sind im Internet über
http://dnb.dnb.de abrufbar.

© 2021 Walter de Gruyter GmbH, Berlin/Boston
Druck und Bindung: CPI books GmbH, Leck

www.degruyter.com

# Inhalt

# Praxis oder Raum: Wider das allfällige Identitäterä

„Sag mir, wie siehst Du mich? Was bin ich?", fragt mich mein Informant Patrice jedes Mal, wenn ich ihn während meiner Feldforschung 2013 in Tanger treffe. „Mein Vater war Franzose, die Familie kam vor vier Generationen aus Burgund nach Tanger. In der Familie verheiratete man sich vor allem mit anderen Franzosen, mit Italienern und Spaniern. Meine Mutter kam vor 70 Jahren als kleines Kind mit ihren Eltern hierher, sie stammten aus dem Schwarzwald. Meine Muttersprache ist aber weder Französisch noch Deutsch, sondern Spanisch, weil hier jedermann Spanisch sprach. Die Jüdinnen, mit denen meine Eltern und Verwandten befreundet waren, sprachen Haketija, das kenne ich noch aus meiner Kindheit. Später, auf dem Lycée Regnault, waren Christen, Juden und Muslime zusammen, die Herkunft spielte keine große Rolle. Die Europäer kamen aus englischen, spanischen, französischen, italienischen Familien, es gab Kinder mit schwedischer und russischer Herkunft. Was bin ich denn nun?" (Tanger, Patrice Grénard, * 1962)

Ich sage dann immer: für mich bist Du wie ein Gibraltarianer. Denn dort herrschen heute noch ähnliche Verhältnisse wie im Tanger jener Jahre, in denen Patrice aufwuchs.

Zu Beginn meiner einjährigen Feldforschung in Gibraltar (1985) lerne ich Fiorina Sayers-Kelly (* 1957) kennen, die mir eines Abends im kenianisch-indischen Restaurant *Maasai Grill* stolz ihre Familiengeschichte erzählt:

Mein Mann ist Ire. Mein Bruder Max hat eine Inderin geheiratet. Ich selbst wurde in Gibraltar geboren. Die Familie meines Vaters ist protestantisch und stammt aus England, aber seine Großmutter war Jüdin aus Amsterdam. Die Familie meiner Mutter, eine geborene Ruffino, ist typisch gibraltarianisch: sie stammen aus Sizilien und haben sich vor fünf Generationen in Gibraltar niedergelassen. Die Ruffinos heirateten vornehmlich in genuesische und englische Familien ein. Meine Großmutter stammt allerdings aus dem spanischen La Línea. Ihre Schwester, die einen Chinesen aus Borneo geheiratet hat, ist als einzige in der Familie blond, wohl weil unter ihren Vorfahren auch eine Deutsche gewesen war. Ich bin eine typische Gibraltarianerin.

Die Stimmen der Zeitzeugen, die hier einleitend zu Gehör kommen, sind im Jahr 2020 an die 60 Jahre alt und Angehörige einer Generation, die in Zeiten aufwuchs, in denen die Ambiguität der Mischung nicht nur eine Erinnerung an Vergangenes war, sondern eine erlebte Lebensrealität. Und eine Selbstverständlichkeit. Denn es scheint, als ob die aktuelle Moderne im Zeitalter der Identitätspolitik mehr denn je von der Notwendigkeit der Eindeutigkeit und des Bekenntnisses dazu getrieben sei, Vermischungen zu bereinigen. Thomas Bauer (2018: 88) erinnert uns daran, dass Identität dem Wortsinne nach nichts anderes bedeutet als mit sich

https://doi.org/10.1515/9783110749311-001

selbst einheitlich, nämlich derselbe (*idem*) zu sein und daher nicht gerade ambiguitätsfreundlich ist, da sie Vielheit ausschließt.[1] Dies steht am Anfang der Moderne. Wie Foucault (1977) herausgearbeitet hat, ging es im Übergang zur Moderne nicht mehr nur darum, Subjekte mit Gewalt zu beherrschen,[2] sondern darum, ihre „innere Wahrheit" ans Tageslicht zu bringen. Die Praxis der Beichte wurde übertragen in die Selbstbekenntnisse im Bereich der Wissenschaften, der Ökonomie und der Politik: mit objektiven Methoden wurde aus dem Inneren der Menschen die authentische Wahrheit herausgelockt und zum Gegenstand der Erkenntnis, der Vermessung, der Skalierung und der punktgenauen Verwaltung gemacht. Ein ähnlicher Prozess spielte sich in der Ökonomie ab: was im vormodernen Weltbild zusammenhing, wie die Herstellung und Perfektionierung von Wein, musste in Einzelteile zertrennt werden um den Gewinn zu steigern. Produkte wurden geschaffen, indem man ihre Komponenten bestimmt, benennt, sie aus den Zusammenhängen herauslöst, ihre Qualitäten feststellt und sie vermarktet.[3] Im Bereich der Politik findet diese Entwicklung eine wahrhaftige Parallele, vor allem in der Identitätspolitik, die seit den 1980er Jahren zunehmend unsere Welt im Westen – zuerst in den USA, dann in Europa und jetzt, wie einführend gezeigt, im Mittelmeerraum (*Mediterranée*) und im arabischen Raum – beherrscht: man muss wissen, wer man ist, man braucht eine Identität. Ambiguitäten, Ambivalenzen, Widersprüche und Grautöne sind dann gefährlich, sie werden als Bedrohung aufgefasst. Soweit die Moderne bis zu den 1980er Jahren.

---

1 Vgl. dazu schon Haller 2000a: 6: „Das Konzept einer monolithischen und kontextungebundenen Identität wird dabei seit den 60er Jahren und verstärkt seit den 80er Jahren (Douglas 1995), besonders durch die Problematisierung des Identitätsmanagements durch Goffman (1975) und der internationalen Debatte um *native anthropologists* (Hastrup 1993; Abu Lughod 1991) und *halfies* (Narayan 1993), zurückgewiesen. Ich greife auf das Personakonzept von La Fontaine (1985) und Gredys Harris (1989) zurück, die auf Mauss (1985) aufbauen. Mit La Fontaine (1985) und Gredys Harris (1989) möchte ich die Notwendigkeit einer Differenzierung der Begriffe 'Individuum', 'Selbst' und 'Person' für die ethnologische Forschung herausstreichen. Die drei Begriffe bezeichnen den Menschen aus unterschiedlicher Perspektive. So ist das 'Individuum' Teil der Menschheit (biologische Perspektive); 'Selbst' bezeichnet den Menschen als Sitz einer Erfahrung (psychologische Perspektive); mit 'Person' schließlich ist der Mensch als Mitglied in der Gesellschaft gemeint (ethnologische Perspektive) (Gredys Harris 1989: 600-602). Persona als kulturelles Konstrukt verweist auf die Vielfalt und Vielgestaltigkeit sozialer, ökonomischer und politischer Identitäten und Identifikationen, die Menschen mit anderen teilen. Mit der modernen Idee der Nation wurde diese Vielgestaltigkeit jedoch reduziert, indem Individuen auf eine nationale Identität festgeschrieben wurden (Vereni 1996; Weber-Kellermann 1978: 12; Maffesoli 1993)."
2 Das „Prinzip der Züchtigung ist die Rache des gefrevelten Königs, das öffentliche physische Niederwerfen seines Feindes vor den Augen der Öffentlichkeit." (Kammler 1986: 744).
3 Vgl Haller 2007: 183f.

Dass sich seither der Identitätsdiskurs als dominante gesellschaftliche Erzählung in vielen Gesellschaften durchzusetzen vermochte, hat verschiedene Gründe. Er wurzelt *erstens* in der US-amerikanischen Wertewelt, die sich in der dort fraglos als Errungenschaft propagierten „Freiheit der Wahl" ausdrückt. Wie ich an anderer Stelle[4] gezeigt habe, handelt es sich nicht um eine Freiheit der Wahl, sondern um eine Pflicht[5] zu wählen, sich zu entscheiden, was letztendlich darauf beruht, die zur Wahl stehenden Objekte und Positionen erkennen zu können, sie zu benennen und sie mit eigenen Bedürfnissen – seien sie psychischer, ökonomischer oder politischer Art – zu kombinieren. Denn die Kontrolle des privaten Raumes bedeutet, Unsicherheiten und vor allem mögliche Ambiguitäten und Ambivalenzen durch strukturierte Handlungen, Benennungs- und Bekenntnisrituale zu beseitigen. Die Furcht davor im sozialen Nahbereich zeigt sich besonders deutlich dort, wo die öffentliche und die private Sphäre intim zusammenzukommen versprechen: beim Dating bzw. bei der Anbahnung von Paarbeziehungen. In dieser hochgradig ritualisierten und strukturierten Phase geht es darum, die Passbarkeit eines möglichen Beziehungspartners abzutesten. Beim Date handelt es sich nicht um eine offen gehaltene Verabredung im europäischen Sinne. Vielmehr handelt es sich um eine explizite Vereinbarung darüber, dass man sich mit der anderen Person in den Prozess des Passbarkeitstestens begibt, um Ambigues und Ambivalentes auszumerzen. Zahllos sind die Dating-Ratgeber, in denen die aufeinanderfolgenden Stufen des Dating expliziert und die jeweils adäquaten „Do's" und „Don'ts" des Verhaltens und Kommunizierens ausgebreitet werden, und die detaillierte Kenntnis über diese Stufen ist verbreitet.

---

**4** Beeman 1986: 54, Du Bois 1955: 1233, Haller 2007.
**5** Es handelt sich natürlich nicht um Pflichten im rechtlichen Sinne, sondern eher um Aufforderungen, die man zu verinnerlichen aufgefordert wird. Diese Pflicht hat sich mittlerweile durch die Digitalisierung auch außerhalb der USA verbreitet. Ein Alltagsbeispiel: kauft man im Internet ein Produkt oder bucht man eine Reise, wird man vor dem Erhalt der Ware ständig über deren Lieferstatus informiert und nach Erhalt der Ware oder nach Ende der Reise aufgefordert, den Verkäufer oder Reiseanbieter zu bewerten. Ignoriert oder vergisst man dies, erhält man nicht selten „Erinnerungsmails", um dieser informellen Pflicht nachzukommen. Der Computer erinnert einen noch nach Monaten mit neuen, ähnlichen Angeboten daran, dass man dem liminalen Status nicht entkommen soll. Früher war der Status des Kundeseins ein liminaler Zustand: es gab einen Zustand davor und einen danach (Reintegration). Heute ist das Kundesein ein permanenter Zustand, eine Reintegration aus dem Zustand des Kundeseins in den des vom Kauf losgelösten Konsumenten ist nicht mehr möglich.

Sowohl dieses als auch jenes zu sein oder sich nicht entscheiden wollen, also die Freiheit der Wahl und damit der Entscheidung abzulehnen, gelten im privaten wie im öffentlichen Bereich als hochgradig problematisch. Etwas aussitzen, etwas in der Schwebe lassen, sich für Grautöne zu entscheiden – das ist etwas, das den Texanern meiner Forschung 2003-2005 zutiefst zuwider ist. Die Standardisierung von Bilderfolgen, Gerüchen, verbalen Botschaften, Mimik, Gestik und Geschmacksrichtungen hilft dabei, sie ist darauf angelegt, die Ausmerzung von Ambivalenzen, die in der Stille, der Langeweile oder der Muße des Sich-gehen-Lassens entstehen könnten, zu unterstützen. „Mit Ton, Bild und Geruch wird eine Sinnenlandschaft zweiter Ordnung hergestellt, um die Entwicklung eigener Gedanken und Entscheidungen, die möglicherweise nicht gewünscht sind, zu unterbinden. Man wird gegängelt und an die Hand genommen. Die präfabrizierten Botschaften, mit denen einem die allgegenwärtigen Lautsprecher sagen, wie man sich zu fühlen habe, sind nur ein Beispiel – dass man Fenster nicht einfach öffnen kann, ein weiteres."[6]

Die Beseitigung jeglicher Grau- und Zwischentöne durch einen Exzess an Authentizität, an Benennung und Auswahl ist natürlich nicht nur der amerikanischen, sondern der modernen westlichen Gegenwartskultur ganz allgemein durch das Primat der Kommodifizierung zu eigen.[7] Dadurch wird die Welt verfügbar, zugänglich, verarbeitbar – wir machen sie uns zu eigen, nostrifizieren das Andere, lösen das Rätsel im Fremden, indem wir es löschen und es uns einverleiben.

*Zweitens* wurzelt der Siegeszug des Identitätsdiskurses auch in jenen politischen Strömungen, in denen bis dato ungehörte und marginalisierte Stimmen sich im gesellschaftlichen Konzert der westlichen Nationen Gehör zu verschaffen begannen: die von Kolonisierten, von Frauen, von Schwulen und Lesben, von Behinderten, Fremden, Nichtweißen. Diese Entwicklung wird gemeinhin mit der Pluralisierung der Gesellschaft und der zunehmenden Ermächtigung eben dieser Gruppen in einem durchaus befreienden, demokratischen, fortschrittlichen Sinne in Verbindung gebracht. Natürlich ist diese Strömung nicht, wie es gegenwärtig oft gesagt wird, verantwortlich für den Zerfall von Gesellschaftlichkeit – aber sie hat ihn mitbegünstigt.

Diese beiden Aspekte möchte ich nicht in Abrede stellen, aber es ist nur ein Teil der Geschichte. Wenn in eben dieser Zeit Margaret Thatcher vom Ende der Gesellschaft spricht, dann ist damit nicht nur eine Diagnose, sondern auch – *drit-*

---

6 Haller 2007: 186f.
7 Haller 2007: 156.

*tens* – ein politisch-ökonomisches Programm, eine Ideologie, gemeint: die Zerstörung solidarischer gesellschaftlicher Strukturen im Sinne der „Freisetzung" der Kräfte des Einzelnen.[8] Anders gesagt: des Umbaus des Sozialstaatmodells nach Art des britischen Wohlfahrtsstaates, des *New Deal*, der *Great Society* und auch des Rheinischen Kapitalismus zugunsten eines neoliberal geprägten Raubtierkapitalismus, indem der Einzelne nicht mehr geschützt wird, sondern für seinen eigenen Schutz selbst verantwortlich ist. Der Einzelne wird den Marktkräften in einem Umfang zugänglich gemacht und bewirtschaftet, den sich Karl Marx nicht in seinen kühnsten Träumen hätte vorstellen können: nicht nur seine Arbeitskraft, sondern auch noch die unvermutetsten körperlichen, seelischen, emotionalen, symbolischen Befindlichkeiten. Dies wird als Freiheit verkauft, und das Individuum arbeitet fröhlich an der Kommodifizierung seiner/ihrer selbst aufs gierigste mit. George Orwell hätte seine helle Freude gehabt, und Machiavelli hätte bestätigend genickt: je mehr man sich „unten" in Identitätskammern gegeneinander abschottet, desto mehr kann man „oben" machen, was man will. Der Historiker Valentin Groebner (2019) hat herausgearbeitet, dass die Schaffung von reinen Kategorien in der christlichen Kirche und der heutigen Werbewelt zentral für die moderne Selbstbeschreibung ist.

Mit dem Befreiungsdiskurs der ungehörten Stimmen und dem Zerfall des Gesellschaftlichen setzt sich – *viertens* – eine weitere Bewegung in Gang: die rechtsidentitären und faschistischen Bewegungen, die sich selbst wie die deutsche Pegida oder die AfD als „ungehörte Stimmen" und als Opfer um einen essentialistischen Wesenskern herum inszenieren und gleichzeitig die neoliberalen Politiken noch zuspitzen. Eine Goldman-Sachs-Investmentbankerin wie Alice Weidel führt die AfD mit, die ja ursprünglich als neoliberale Partei gegründet wurde.

*Fünftens* – und diese Entwicklung ist neu in Deutschland – spielt die linke Version der Identitären eine Rolle. In der Antirassismus-, Antikolonialismus-, und Me-Too-Bewegung äußert sich das Bedürfnis einer Generation nach klaren Antworten und Fronten. Das Uneindeutige scheint in der neuen, hochmoralischen Woke-Generation nicht auszuhalten zu sein und nach und nach fallen Vertreter des Mainstream, die sich für die Biegsamkeit der Lebensentäußerungen, der Unklarheiten, Graustufen und Ambivalenzen stark machen, diesen Säuberungen zum Opfer. Beispielhaft zeigt sich dies in den öffentlichen Debatten um Immanuel Kant und Achille Mbembe. Hier spielt die Frage keine Rolle mehr, in welcher Hinsicht und inwieweit Kant rassistische Elemente oder Mbembe antisemitische Versatzstücke aufweisen, es geht nur noch darum, sie wie die Guten ins Töpfchen oder die Schlechten ins Kröpfchen zu stecken. Ironie und Satire sind

---

**8** Hamm 2004, Ross 2005, Haller 2007.

des Teufels. So wird im Sommer 2020 die österreichische Kabarettistin Lisa Eckardt, die genau auf diese zerstörerische Übermoral der Linken hinweist, ohne dass sie selbst in irgendeiner Hinsicht faschistoid wäre, von den Jakobinern als Rassistin und Antisemitin gebrandmarkt, weil diese die Logik der Enthüllung nicht verstehen und weil sie die Mechanismen der Selbstgerechten aufzeigt. Es ist, als ob Savonarola mit der Fackel durchs Land zöge oder Robespierre mit grimmer Miene auf die Guillotine verwiese.

Alle fünf Entwicklungen – die amerikanische Wertewelt, die Stärkung marginalisierter Stimmen, der Neoliberalismus, der Neofaschismus und der humorlose Säuberungsfetischismus der Linken – so gegensätzlich motiviert sie erscheinen, müssen bezüglich der Bedeutung des Individuums als letztem und einzigem Sitz der Autorität zusammengedacht werden. Zygmunt Baumann drückt es folgendermaßen aus: „Es ist Sache des Einzelnen geworden, für sein persönliches Überleben in einer zersplitterten und unberechenbaren Welt zu sorgen, obwohl seine Ressourcen dafür völlig unzulänglich sind. Das allgemeine Gefühl der Prekarität, das mit dem Prozess ökonomischer Deregulierung einherging, löst zwischenmenschliche Bande auf und schürt das Misstrauen aller gegen alle."[9] Als Kitt gegen diese Auflösung zwischenmenschlicher Bande wird das allgegenwärtige „Identitäterä"[10] beschworen. Man könnte es auch weniger polemisch mit dem marokkanischen Philosophen Abdelkébir Khatibi (1999) ausdrücken: „tout le monde chérit l'identité tout le monde cherche l'origine et moi j'enseigne le savoir orphelin."[11] So wird die Stärkung identitärer Gemeinschaften betrieben: von den Betroffenen selbst durch mediale Praktiken der Selbstvermarktung und die Suche nach Gleichgesinnten, politisch-ökonomisch durch die Erschließung neuer Absatzmöglichkeiten.

Nun stellen sich zwei Fragen: In welcher Beziehung steht der hier skizzierte Identitätsdiskurs mit der westlichen Moderne? Und ist die Obsession des identitären Zerstückelns, wie Foucault sie nachgezeichnet hat, eine ausschließlich westliche Obsession?

---

**9** Jacobsen 2016.
**10** Stephan 1985: 34ff.
**11** Dank an Rachid Boutayeb für den Hinweis.

# Moderne? Was ist das?

Auf die erste Frage danach, was die Moderne sei, bietet es sich an, von ihrer ursprünglichen Bedeutung als einer künstlerischen und ästhetischen Ausrichtung avantgardistischer Stilrichtungen und Bewegungen, die auf der Idee des kreativen Schöpfens basiert,[12] auszugehen. Sie ist einem Neuheitsbegriff im Sinne des Lateinischen *creare* oder des Arabischen *ijtihād*[13] und damit des Neuschöpfens verpflichtet und wendet sich von der Auffassung des Neuen im Sinne des Gedeihens, Anwachsens und Erneuerns (Lateinisch *crescere* oder Arabisch *tajdīd*) ab.[14]

Daher lebt die Moderne vom Vergessen. Das Vergessen bedarf jedoch eines Vergessens der offenen und kontingenten Prozessualität, an deren Ende das Neue steht. Bezugspunkt in der Vergangenheit wird daher die Idee des Ursprunges oder des Ursprünglichen. „Wenn Ethnologie per Definition eine Disziplin ist, die versucht, über Grenzen hinweg zu verstehen, was könnte für den Ethnologen legitimer sein, als zwischen den Hoheitsgewässern dieser beiden großen Disziplinen der Geschichte und Geographie zu navigieren, um die gewundene Strömung der Vielfalt der Registrierungsmöglichkeiten in der Welt zu würdigen."[15] Bei den Berbern des Atlasgebirges, bei denen Simenel zwei Jahre verbrachte, werden Ursprung und Grenze zusammengedacht: „Der Ursprung ist eine erste Epoche ebenso wie ein Ausgangspunkt in der historischen und geografischen Spur, auf die die ideale Vergangenheit eines Individuums oder einer Gruppe zurückgeführt werden kann. Die Grenze ist ebenso eine Grenze wie eine Gründungsarbeit, da das Zeichnen einer Grenze eine historische Perspektive für ein Gebiet und damit für die Erinnerung an eine Gruppe darstellt."[16] Ursprung ist daher im berberischen Sinne zwar der Bezugspunkt für einen Beginn, womit dieser Bezugspunkt jedoch gefüllt wird, hängt von der jeweiligen Gegenwart ab: „Bei dieser permanenten Registrierung der Ursprünge werden einige Facetten der Vergangenheit vergessen, während andere ans Licht der Erinnerung gebracht werden."[17]

Gesellschaften, die sich wie die berberische eher dem *crescere* verschrieben haben, werden aus der modernen Perspektive als „vormodern" markiert. Jenen

---

12 Dupré 2012: 179.
13 Lang 2006, Dialmy 2000.
14 Es ist kein Wunder, dass das Markenzeichen dieser Bewegung heute im Begriff des In-die-Weite-hinaus-Ejakulierten gipfelt: des Projekts.
15 Simenel 2014: 21.
16 Simenel 2014: 22.
17 Simenel 2014: 27.

Gesellschaften wird ein Verharren in der Atemporalität zugemessen, eine Zeitgenossenschaft verweigert. Auch hier ist zu betonen, dass es sich nicht um reine Typen handelt, sondern lediglich um dominante Beschreibungen aus der Perspektive der Modernen. Aber diese gehen über die reine Beschreibung hinaus, sie gerinnen ja zu und in wirkmächtigen gesellschaftlichen Institutionen.

Das Selbstverständnis des modernen Menschen besteht in einem „abgepufferten", soll heißen: desengagierten, distanzierten, disziplinierten, privatisierten, individualisierten und intimisierten, möglichst autarken und autonomen, in (tendenziell abgeschlossener) Immanenz existierenden rationalen Selbst. „Diese geschichtsmächtige Ausgabe des ‚neuzeitlichen Menschen' präsentiert sich (...) bis heute als ein (möglichst weitgehend) auf (Zweck-)Rationalität, kalkulierende Kontrolle und instrumentelle Verfügungsgewalt, kurz: auf Selbstermächtigung (und ich würde ergänzen: auf den Imperativ zur Selbstreflexion, zur Selbsterkenntnis, zum Selbstbekenntnis und zur Selbstoptimierung) eingeschworenes Vernunft- und Handlungssubjekt".[18] Die Gesamtdeutung der Moderne verzichtet, wie Straub darlegt „in der bloßen Immanenz auf solche Transzendenzbezüge völlig und legt den Akzent unter anderem auf die ‚innere' Quelle der Fülle und Erfüllung sowie die Autonomie des individuellen Vernunft- und Handlungssubjekts".[19] Das selbstreferentielle Ego (und weder die Gesellschaft noch das Beziehungsgefüge der Wesenheiten) steht im Mittelpunkt.[20]

Nun entfaltete sich dieses Ideal in den verschiedenen Gesellschaften des Westens auf vielfältige Weise. In Westeuropa „hat es der autarke Industriestaat des Westens für eine Weile geschafft, den Eindruck zu erzeugen, die Welt lasse sich kontrollieren, Risiken und Konflikte ließen sich einhegen. Es gab gut organisierte Kämpfe zwischen Kapital und Arbeit, mit starken Gewerkschaften und Arbeitgeberverbänden, es gab Normallebensverläufe, die gewissermaßen ein kalkulierbares Leben möglich gemacht haben. Es gab Institutionen wie die großen Versicherungen, die Daseinsvorsorge ökonomisch und kulturell ganz gut hingekriegt haben; lauter wunderbare Dinge, die Komplexität reduziert haben".[21] In Italien und anderen Staaten des Südens wurden dem Nationalstaat sehr viel größere Vorbehalte entgegengebracht als in Zentraleuropa: der Staat war der nicht ganz funktionierende Feind, mit dem man sich arrangieren musste. In den USA konnte sich das Ideal wieder anders entfalten, da die dortige Vorstellung eines Nationalstaates bis auf eine kurze historische Zeit um die Johnson-Jahre

---

**18** Straub 2015: 108.
**19** Ebd.
**20** Boutayeb 2014: 27.
**21** Nassehi 2018.

(1963-1969) herum vor allem einer Maxime folgte: möglichst wenig staatliche Interventionen.

Ganz eindeutig wurde der Siegeszug des selbstoptimierten Individuums durch den neoliberalen, vom amerikanischen Modell genährten Kapitalismus akzeleriert, so wie ich das in meinem Buch über Texas beschrieben habe[22] und so wie es der Philosoph Byung-Chul Han als Raubbau am eigenen Geist und Körper bezeichnet.[23] Diese Verbindung zwischen Kapitalismus und Moderne nennt der griechische Ethnologe Ioannis Kyriakakis (2014) konsequenterweise „westliche Kosmologie".

Die Moderne strebt nicht nur für den Einzelnen, sondern für westliche Gesellschaften ganz allgemein einen von den Ingredienzien des Imperfekten und Humanen weitgehend bereinigten öffentlichen Raum an. Insbesondere mit dem Siegeszug des Neoliberalismus – dessen Ziel es ist, soziale Bindungen zu zerstören – ist aus dem Menschen und Bürger ein individueller Konsument geworden, der verzweifelt nach einer Identität sucht, die ihm das Humane und das Soziale hätte verleihen können. Ich möchte behaupten, dass die heutzutage allgegenwärtige Rede von und die Suche nach *Identität* der klassischen Besessenheit durch Geistwesen gleichkommt: beide dringen „von außen" habituell in die Körper und mental in die Köpfe der Menschen ein, machen sie besessen und verrückt. Ein anderer Ansatz wäre es, anstatt von Identitäten, an denen man sich orientieren kann, von den eigenen Vorlieben, Abneigungen, Gefühlen, Emotionen und Bedürfnissen auszugehen, also von den *Identifikationen* des Einzelnen. Identifikationen sind schwankend, Abstände[24] auslotend, Identitäten aber vermitteln die Illusion der Geschlossenheit, der Stabilität, der Orientierung und der Zeitlosigkeit. Während Identitäten die *passio* in den Vordergrund rücken, stellen Identifikationen die *actio* ins Zentrum. Homi Bhabha drückt dies noch schärfer aus: er spricht statt von Identifikationen von Interessen.[25] Anders ausgedrückt: Identitäten machen etwas mit dem Einzelnen, während der Einzelne etwas durch seine Identifikationen und Interessen macht.

Für Bruno Latour (2008) hat es diese Moderne jedoch nie gegeben, sie habe allenfalls als gefällige Selbstbeschreibung existiert. Den Titel seines einflussreichen Buches paraphrasierend lässt sich aber sagen: wir sind zwar nie *vollständig* modern gewesen – aber schon eben *partiell*. Auch wenn Latour recht hätte und „wir" immer nur gedacht hätten, dass wir modern wären: „wir" haben uns daran

---

22  Haller 2007: 175-210.
23  Hayer 2014.
24  Jullien 2018.
25  Diez 2020: 11.

orientiert und uns oft so verhalten. Und wir haben Institutionen geschaffen, die den Menschen ausschließlich als Individuum behandeln. Die sozialen Wissenschaften haben in hohem Maße dazu beigetragen, soziale Merkmale wie Berührungen, Gerüche, Lärm und Streit, Muße und Beschaulichkeit, Spontaneität, informelle Bindungen, Feilschen, Freundschaftsdienste als rückständig, anachronistisch, korrupt, unmoralisch, politisch inkorrekt oder undemokratisch – in jedem Fall aber als erklärungsbedürftig – auszuweisen und in die historische oder geographisch-kulturelle Ferne verwiesen. Sie stützen das Selbstbild als rational, autark, daueraktiv, individuell und handlungsmächtig.[26]

Die Praxis der Reinigungsarbeit, der Trennung der Welten, der sich das – wohl weitgehend intellektuelle und akademische – „Wir" des Abendlandes verpflichtet sah, war zwar immer mit Wiedervermischungen verbunden und auch vielfältiger, als es die dominierende Selbstbeschreibung vermuten ließ.[27] Aber die moderne Art der Selbstbeschreibung war und ist heute vielleicht mehr denn je (etwa im Identitätsdiskurs und in der Rede von der Freiheit der Wahl) dominierend und formierend. Das heißt, Gegendiskurse, an denen es nicht mangelt und die weder gesellschaftlich[28] noch in den Wissenschaften verhandelt werden würden,[29] arbeiten sich an diesem dominanten, von Max Weber maßgeblich so skizzierten Narrativ ab.[30] Und geraten dabei selbst zumeist wieder in die Fänge des Säuberungsnarrativs.

---

**26** Vgl. auch Stüben (1983: 69) über „Loyalitätsformeln, auf die die akademische Zunft ihre Mitglieder im Namen ihrer ‚sozialen Institution', der Wissenschaft, verpflichtet hat."
**27** Haller 2016b: 50ff.
**28** Hier seien als Beispiele aus Deutschland die Diskussion um den Seelenbesitz von Tieren, der Erfolg von Wohllebens Bücher über das Leben der Bäume und der politische Kampf um den Hambacher Forst genannt.
**29** „Gerade die so viel gescholtene westliche Moderne ist voller intellektueller, künstlerischer und politischer Bewegungen, die die Schwellen zwischen säkularer Lebenswelt und Spiritualität entweder zu überwinden versuchen oder sie gar dezidiert obsolet werden lassen möchten. Dies geschieht sowohl durch territoriale (siehe z.B. die Brauchtumsforschung der Volkskunde, aber auch in Ernesto de Martinos Arbeiten über Süditalien und Jeanne Favret-Saadas Arbeit im Hainland Westfrankreichs) als auch durch temporale Fragmentierungen (Aus der Fülle möglicher Beispiele seien hier so unterschiedliche Bewegungen genannt wie etwa die deutsche Romantik, der Faschismus der 1930er Jahre, Frobenius' Kulturmorphologie, Johann Jakob von Uexkuells Umweltforschung, die Ökologische Bewegung der 1970er Jahre, ganzheitliche Therapieformen, der interdisziplinäre Imperativ in den Universitäten, Coccias (2018) Philosophie der Pflanzen und die gegenwärtige ontologische Wende in den Geisteswissenschaften.). Sie alle versuchen sich an ihrer Überwindung. Insbesondere ist es die Ethnologie, die sich diesem Ansinnen verschreibt." (Haller 2017: 58).
**30** Joas (2017) versucht sogar, sie ganz *ad acta* zu legen.

Ein besonders tragisches Beispiel ist der queere Gegenentwurf zur dominanten Hetero-/Homodichotomie.[31] In den 1990er Jahren als Entwurf gestartet, der erstens die Grenzen der Dichotomien verwischen und zweitens diejenigen, die aus der Dichotomie ausgeschlossen waren (Trans, Bi etc.), in den Diskurs hereinholen sollte, erfuhr *queer* mit zunehmender Radikalisierung im akademischen Milieu eine exkludierende Wende: Ambivalenzen waren nicht mehr gefragt, verschwimmende Grenzen und Ironien wurden als verstörend und beleidigend gebrandmarkt. Stattdessen wurde eine neue Dichotomie eröffnet, die radikale Abgrenzungen mit sich brachte, dieses Mal von „Anständig" gegen „Verdorben". Das Bekenntnis ist in diesen Kreisen todernster Grundbestandteil der Selbstbeschreibung. Im Frühjahr 2018 zeigte sich dies beispielhaft in den Exzessen, die die Reinigungsbestrebungen der Me-Too-Bewegung mit sich bringen. Die Debatte über die Reaktion der großen französischen Schauspielerin Catherine Deneuve und anderer Unterzeichnerinnen einer Resolution gegen die Bewegung ist nur ein Beispiel dafür, dass Grenzkontrollmechanismen jegliche Differenzierung, jegliche Nuancierung zugunsten eines schwarz-weißen Denkens ausmerzen sollen: „Wir leben offensichtlich in Zeiten, in denen es keinen Raum und keine Geduld mehr für Fragezeichen im öffentlichen Diskurs gibt. Vor allem endet fast jede Diskussion über das sexuelle Miteinander der Geschlechter gegenwärtig abrupt mit einem Punkt. Oder einem Ausrufungszeichen."[32] Deneuve und die Unterzeichnerinnen dagegen plädieren dafür, den Raum für unbenannte, unmoralisierte und unbewertete sexuelle Begegnungen offenzuhalten. Sie weigern sich, das Schwarz-Weiß-Spiel der Moralapostel, der Reinheitsfanatikerinnen und Säuberer, der Selbstgerechten und Betschwestern von links wie rechts mitzumachen und kennen den Unterschied zwischen Vergewaltigung und Übergriffen auf der einen und – auch unbeholfener – romantischer Liebesglut auf der anderen Seite. Und Sie wissen, dass es dazwischen eine Grauzone gibt, in dem Menschen sich ausloten, Fehler machen. In dieser Grauzone müssen wir uns alle orientieren, und es hilft nichts, diesen moralpolizeilich ausmerzen zu wollen wie George W. Bush, der mit seiner Kettensäge das Unterholz auf seiner Ranch kleinhäckselte, um die dort lauernden Schlangen und Ungeziefer zu vernichten.[33] So ist das Leben: zumeist weder Ponyhof noch Schlachthaus, sondern ein Feld halbguter und halbschlechter Erfahrungen.

---

**31** Hier sei auf die *fa'afafine* Samoas, die *mahus* von Tahiti, die *xaniths* Omans, die *khusra* Pakistans, die *hijras* Indiens und vor allem auf die sogenannten *Berdachen* indianischer Stämme verwiesen.
**32** Baniotopoulou 2018.
**33** Haller 2007: 203f.

Das aber wird heute im dominanten medialen, auf Konfrontation ausgerichteten Diskurs in Abrede gestellt. In der Einkesselung in das identitäre Schwarz-Weiß-Narrativ sieht die bereits erwähnte österreichische Kabarettistin Lisa Eckhardt (2019) ein gemeinsames Merkmal linker und faschistischer Säuberer: „Hetzt nicht gegen Farbige, lasst uns Farbstoffe verbieten; künstliche Zusatzstoffe – raus! Synthetische Aromen – raus! Artifizielle Fremdkörper – raus! Das könnten auch Parolen sein von sprachverspielten Neonazis. Sie wollen kein genetisch verändertes Saatgut? Genau das wollen die Rechten auch nicht. Sie wollen nur Naturprodukte aus lokalem, regionalem sowie kontrolliertem Anbau? Die Rechten nennen das Lebensborn. Sie sind nicht etwa rechts oder links: sie haben alle einen Putzfimmel, einen zwangsneurotischen Waschzwang. (...) Was ist denn die Nährwerttabelle anders als ein diätetischer Ariernachweis? Beides wird bluthündisch durchforstet, auf Glutamate und Histamine, oder auf Juden und Muslime. (...) Ein jeder braucht ein Feindbild: die einen nennen's Ausländer, die anderen Gluten. Lebensmittelallergie – das ist Fremdenfeindlichkeit mit Niveau! (...) Die Rechten reinigen das Volk, die Linken reinigen den Körper, bis wir einen gesunden Volkskörper haben (...) wo's keinen Unterschied mehr gibt zwischen den rechten Identitären und der linken Identitätspolitik, zwischen ‚mein Körper gehört mir' und ‚Deutschland den Deutschen'."

Die wellenhafte Abfolge von Öffnung und Schließung in der wissenschaftlichen Theoriebildung, wie sie etwa Gebser (1949-1953) diagnostizierte, ist nicht auf diese Beispiele begrenzt, vermutlich wird – und ich sage vermutlich, weil es sich trotz der Beispiele, die Latour anführt, um eine Hypothese handelt, die noch nicht gut genug befundet ist – in ihnen eine anthropologische Konstante der Moderne sichtbar: die Abwechslung von Phasen der Vermischung und Phasen der Reinigung.

Ich möchte dies nicht an den linken oder den faschistischen identitären Bewegungen der Gegenwart explizieren, sondern an einem ganz harmlosen Beispiel, über das ich mir Expertise zuspreche: den Gibraltarianern, über die ich in den 1990er Jahren geforscht habe. Einst spielten die Zivilisten Gibraltars im Diskurs zwischen britischer und spanischer Identifikation keine Rolle: man war entweder dies oder jenes. Dann schufen verschiedene politische, wissenschaftliche und zivilgesellschaftliche Akteure[34] eine inklusive Kategorie, in der verschiedene ethnische und religiöse Bestandteile der gibraltarianischen Gesellschaft aufgenommen wurden: maltesische, portugiesische, katalanische, irische, schottische, englische und italienische Abstammungen. Es wurde ein regelrechtes Lob der Mischung angestimmt, das auch lebensweltliche Entsprechungen hatte, wie

---

34 Haller 2000b.

das einleitende Beispiel von Fiorina Sayers-Kelley zeigt. Aber wenn man genau hinschaute, musste es ein Lob der richtigen Mischung sein: Juden und Spanier wurden – zumindest aus dem politisch-nationalen Narrativ – ausgeschlossen. Die Juden, weil sie in der Zeit, in der das Narrativ entstand (also in den 1990er Jahren) begannen, sich selbst aus der Gruppe der Gibraltarianer zu exkludieren, die Spanier, weil man dem politischen Argument Spaniens, bei den Gibraltarianern handle es sich „eigentlich" um Spanier, etwas entgegenhalten wollte. Während sich die Selbstexklusionsphase der Juden seither wieder abgeschwächt hat und diese fraglos in die gibraltarische Identität aufgenommen scheinen und während sich in der Zeit von Premierminister Zapatero der Konflikt mit Spanien beruhigt hatte (aber der Antihispanismus nie verschwunden war, sondern subkutan weiterglomm), kann es sein, dass das antispanische Moment durch den Brexit, der die Bevölkerung Gibraltars vor neue und alte Herausforderungen stellt, wieder angeheizt wird.

Da kosmopolitische Haltungen wie die der Gibraltarianer, die das Ambigue wertschätzen, immer in konkreten Gesellungsformen gründen, können wir feststellen, dass sich zwar ambiguitätstolerante von ambiguitätsintoleranten Gesellschaften unterscheiden lassen. Aber Ambiguitätstoleranz und Mischungslob beziehen sich nie gleichmäßig auf alle Gruppen vor Ort, sondern sie hierarchisieren akzeptiertere Gruppen von weniger akzeptierten, manchmal schließen sie einzelne Gruppen sogar aus.

# Im Wesentlichen westlich?

Auf die Frage – ob die Obsession des identitären Zerstückelns eine vornehmlich westliche Obsession sei – liefern die Ethnologie und ihre Nachbarwissenschaften wertvolle Antworten. Man kann die Bedrohlichkeit des Uneindeutigen, die Angst vor dem Zwielicht oder, wie Fernandez (1974, 1980) schreibt, das „Dunkel am Fuße der Treppe", auch in außereuropäischen Gesellschaften vorfinden, sowie die Notwendigkeit, klare Kategorien zu schaffen – meist aber nicht unter linearen, sondern unter zonalen Vorzeichen.[35] Die Uneindeutigkeit zwischen einer „eindeutigen" oder „klaren" Statusgruppe und einer anderen versuchen diese Gesellschaften in Übergangsriten zu bändigen, wie van Gennep (1986) mit den *rites de passage* und Turner (1967, 1969) mit dem Konzept der Liminalität gezeigt

---

**35** Barth 2000.

haben. In den meisten Kulturen erfordern diese Übergangsrituale kein bloßes Bekenntnis zu Wissensbeständen, Normen und Werthaltungen, sondern darüber hinaus eine Einbeziehung des Körpers jener, die den Übergang durchleben.

Hier ist es an der Zeit, den Begriff der Ambivalenz – also der Zweideutigkeit – näher zu beleuchten. Er wird häufig mit dem der Ambiguität synonym verwendet wird.[36] Bauman (2005) etwa sieht im Fremden die zentrale Bedrohung der Moderne, die auf der klaren Trennung in Freund und Feind basiere; der Fremde unterlaufe diese Dichotomie, weil er eine ambivalente Figur ist. Aber während *Ambivalenz* nicht eindeutig einordenbare Figuren, Artefakte oder andere Phänomene bezeichnet, die sich einem „Schwarz-Weiss" verweigern, verweist *Ambiguität* auf eine Gleichzeitigkeit anerkannter Ordnungen. Mythische Figuren wie die nordamerikanischen *Trickster* und die islamischen *Dschinnen* (*jnūn*) beispielsweise sind aus westlicher Perspektive ambivalente Figuren, da sie weder in das Schema von harmlos/verletzend noch gut/böse eingeordnet werden können. „Mit dem Begriff der Ambivalenz widmet sich Bauman", so Kappacher (2008: 48) „den Phänomenen, die sich quer legen, die sich nicht exakt definieren lassen, somit keinen Platz haben und sich über die Kategorien hinweg setzen."

Wenn dagegen beispielsweise Hauschild (2002) in seiner Monographie über die Magie Süditaliens schreibt, dass Leidende sowohl die Hilfe der Schulmedizin als auch der Hausmedizin und der Magie in Anspruch nehmen, dann handelt es sich nicht um einen ambivalenten, sondern um einen ambiguen Kontext: verschiedene nebeneinander liegende Lösungswege gelten als gangbar, ein eingeschlagener Weg schließt andere Wege nicht notwendigerweise aus. Einen ähnlichen Hinweis gibt Bauer (2011)[37] aus seiner disziplinären Perspektive heraus: er stellt der Obsession der klaren, linearen Grenzziehung zwischen den Kategorien einen kulturell anders formierten Entwurf zur Seite – die Ambiguitätstoleranz des vormodernen Islam.

> Ein Phänomen kultureller Ambiguität liegt vor, wenn über einen längeren Zeitraum hinweg einem Begriff, einer Handlungsweise oder einem Objekt gleichzeitig zwei gegensätzliche oder mindestens zwei konkurrierende, deutlich voneinander abweichende Bedeutungen zugeordnet sind, wenn eine soziale Gruppe Normen und Sinnzuweisungen für einzelne Lebensbereiche gleichzeitig aus gegensätzlichen oder stark voneinander abweichenden Diskursen bezieht oder wenn gleichzeitig innerhalb einer Gruppe unterschiedliche Deutungen

---

**36** Vgl. Kappacher 2008.
**37** Für China siehe Jullien 2018.

eines Phänomens akzeptiert werden, wobei keiner dieser Deutungen ausschließliche Geltung beanspruchen kann.[38]

Der Platz auf der Grenze ist zumeist die ambivalente Position in der Grauzone zwischen Hier und Dort. Es ist der Platz der Uneindeutigkeiten, des Aushandelns. Erst wenn man sich nicht in einer Grauzone, sondern auf einer Grenzlinie befindet, werden die Uneindeutigkeiten zu Widersprüchen. Aus dem kabylischen Kontext liefert uns Bourdieu eine Erkenntnis, dass sich solche Aushandlungen nicht an abstrakten, sondern an praktischen Erfordernissen orientieren. So erlernt Bourdieu von seinem Kollegen Mouloud Mammeri die kabylische Weisheitslehre (*tamusni*). Es handelt sich dabei um soziales Lernen. „Der Marktbesuch meines Vaters", so Mammeri, „dauerte eine halbe Stunde, und den Rest der Zeit verwandte er darauf, Leute zu treffen und sich mit ihnen zu unterhalten; diese machten es genauso. Das war gewissermaßen Weiterbildung am Arbeitsplatz, gleichzeitig bewußt zu diffus. (...) Gelernt wurde durch die Praxis. Es handelte sich nicht um ein abstraktes Lernen. Es galt gleichzeitig, sein Handeln an einer gewissen Anzahl von Vorschriften und Werten auszurichten, ohne die die *tamusni* nicht existieren kann. Eine *tamusni*, die nicht vollständig angenommen, die nicht gelebt wird, ist nur ein Code. Die *tamusni* ist eine Kunst und eine Lebenswelt, das heißt eine Praxis, die durch Praxis erworben wird und praktische Funktionen hat."[39] Man könnte mit Bourdieu auch sagen, dass es sich um den Erwerb sozialen Kapitals handelt.

Der Literatur, so der französische Sinologe und Philosoph François Jullien (2018: 23), kommt es zu, das Mehrdeutige und Widersprüchliche auszudrücken, das in der modernen Wissenschaft durch die Formulierung absoluter und klarer Kategorien beseitigt wird. Aus den Zonen heraus entfaltet sich Neues, Linien dagegen fordern Entscheidungen. Für Homi Bhabha wird „Demokratie [...] in den Rissen und Bruchstellen des globalen Experiments ausgeformt. Sie nimmt Gestalt an, wo wir mit den Ungleichheiten und Verwerfungen der Jetztzeit konfrontiert sind."[40] Er erkennt diese Risse im Inneren eines Systems, aus denen heraus sich das Neue entfaltet. Risse können zu scheinbar unüberwindlichen Barrieren ausufern, wenn sie sich verbreitern und sich aushärten.

Aber eine der zentralen Aufgaben der modernen Wissenschaften ist es, Widersprüche zu lösen. Basis für die Befundung eines Widerspruches ist die logi-

---

[38] Bauer 2011: 27.
[39] Bourdieu 2010: 369-370.
[40] Diez 2020: §11.

sche Zugangsweise: ein Ding kann beispielsweise nicht eines sein und gleichzeitig sein Gegenteil. Dies lässt sich aber empirisch oft nicht untermauern, so wie etwa Vereni (1996) am Beispiel der Ambivalenztoleranz in Mazedonien während des späten Osmanischen Reiches (vor 1913) zeigt: dessen Bewohner verfügten über die Möglichkeit, sich als Griechen zu bezeichnen, wenn sie handelten, als Albaner, wenn sie heirateten, und als Muslime, wenn sie beteten. Für diese pluralen Möglichkeiten verwendet Vereni den Begriff der „Person" im etymologischen Sinne, um die Flexibilität und den Aushandlungscharakter der Identifikation anzuzeigen.

Die Frage danach, welcher Gruppe sich eine Person zugehörig fühlt, wäre nach Vereni im mazedonischen Kontext zweifellos mit einer Gegenfrage beantwortet worden: wann und in welchem Kontext? Erst mit der modernen Idee der Nation werden "Personen" zu „Individuen". „Individuum" lässt sich auf das Lateinische *dividere* (teilen) zurückführen und bedeutet sinngemäß „der/die Unteilbare".[41] Nicht nur im vornationalen Europa, auch in den meisten anderen Weltgegenden mag es anders aussehen. Jullien (2018: 32) etwa verweist zu Recht darauf, dass die Notwendigkeit von Identität als einer Substanz (wahrscheinlich) bloß in westlichen Sprachen ausgedrückt werden kann. Im Chinesischen, das „das ‚Sein' (oder Nicht-Sein ...) gar nicht thematisiert" kann dieses nur über Prädikation funktionieren. „So lautet etwa der chinesische Ausdruck für ‚Sache' *dong-xi* (Ost-West). Es geht also nicht um die Essenz, sondern um ein In-Beziehung-Setzen." Die islamische Welt hat sich lange Zeit, so bereits Pines (1937), durch eine hohe Ambiguitätstoleranz ausgezeichnet, in der verschiedene Formen der Gläubigkeit nebeneinander bestanden und jeweils als adäquate Ausdrucksformen gegolten hätten.

Wenn wir uns von Jullien, Bauer und den bei ihnen aufscheinenden chinesischen bzw. islamischen Vormodernen[42] – wir tun einmal so, als ob es sie relativ

---

41 Diese Passage habe ich schon an anderer Stelle (Haller 2000a: 181) so formuliert.
42 Im auf Transzendenz bezogenen islamischen Weltbild dagegen gab und gibt es immer wieder Bestrebungen, die spirituelle von der säkularen Welt zu scheiden. Wir müssen dabei nicht nur an die Versuche des 20. Jahrhunderts denken, wie Ali Abd ar-Raziqs (1888–1966) Plädoyer für eine Trennung von Staat und Religion, weil er die Ursache für Unterdrückung und Unterentwicklung in der Dominanz des Religiösen sieht (Hendrich 2005: 156). Auch sind es nicht nur die politischen Projekte der Moderne, etwa von Kemal Atatürk oder der Baath-Partei in Syrien und im Irak, die eine solche Trennung vornehmen. Wir finden ähnliche Unterfangen schon in der an die Neoplatonik gemahnenden Philosophie des arabischen Westens. Hier sind es insbesondere Ibn Bajja (Avempace), Ibn Tufayl (Abubacer) und vor allem auch Ibn Rushd (Averroës), der – so der marokkanische Philosoph al-Jabiri – die Grundlage einer autochthonen Subjektphilosophie

einheitlich gegeben habe, was natürlich Unsinn ist, weil sich auch hier enge und offene Diskurse ablösten – entfernen, dann bleiben uns dennoch genügend ethnographische Beispiele dafür, dass indigene Kosmologien und Weltbilder zumeist auf integrativeren und verbundeneren Ontologien beruhen. Das jedenfalls lehren uns heute Descola (2011), Viveiros de Castro (2004) und Kohn (2013), früher zeugten davon schon z.B. Lévy-Bruhl oder die deutschen Kulturmorphologen.

Zur Erinnerung: Es handelt sich bei Ambiguität nicht um in sich mehrdeutige, ambivalente Formen, sondern um nebeneinanderliegende, sich durchaus häufig überlappende Formen, die als „gleichermaßen möglich" anerkannt werden.

Durch den Einfluss des über den Kolonialismus verbreiteten westlichen Rationalismus veränderte sich die Ambiguitätstoleranz in islamischen Gesellschaften. Exemplarisch lässt sich dies an der Gründung der Muslimbruderschaft 1928 in Ismailiya nachvollziehen. Der Gründer Hassan Al Banna wandte sich explizit gegen die aus seiner Sicht freizügigen und ambiguen Sitten im nahen Kairo und forderte eine Rückbesinnung auf eindeutige islamische Werte. Das koloniale Erbe wurde von den linken und rechten Nationalstaaten im 20. Jahrhundert übernommen. Die Vordenker des politischen Islamismus übernahmen im letzten Viertel des Jahrhunderts das Ruder und stellten die Idee der Eindeutigkeit ins Zentrum ihrer Weltanschauung. Wichtig dabei ist, dass die heutigen engen islamistische Versionen des Islam in der Auseinandersetzung mit den Kolonialmächten auch die westlichen Prinzipien der Säuberung, der Reinigung, der Benennung und Bewertung von Daseinsentäußerungen übernahmen: es ist gerade diese Modernisierung, die islamische Gesellschaften transformiert und die Graustufen bereinigt hat.

Am Beispiel des Umgangs mit Homosexualität lässt sich dies nachvollziehen: während im Westen und in heutigen islamischen Gesellschaften aus einem Begehren und einer Praxis eine Identität gemacht wurde, war dies gerade in vielen islamischen Kulturen vor der Moderne nicht so gewesen. Marokkos Attraktivität für europäische Homosexuelle war bis in die 1960er Jahre hinein genau diesem Umstand geschuldet: sie fanden dort das Begehren und die Praxis bei den meisten Einheimischen vor, ohne dass diese einer exklusiven Identität zugeordnet worden wären.[43]

---

darstellt (vgl. ebd.: 84ff.), sowie Reformer wie Scheich Badreddin und Ibn Khaldun (14. Jahrhundert). Siehe Haller 2017: 58.

**43** De Martino/Schmitt 1985, Lancaster 1988, Arboleda 1987, Taylor 1976, Stewart 1977, Haller 1992.

Auch am Kosmopolitismus und an der demographischen Vielfalt der vormodernen Städte im Mittelmeerraum lässt sich der Einfluss des Identitätskonzeptes zeigen. Meine Forschung über den Kosmopolitismus von Tanger kann dabei als Kritik an dem gegenwärtigen, oft inflationären Begriffsgebrauch des Kosmopolitischen in den politischen und philosophischen Wissenschaften gelesen werden, die entweder von einem gesellschaftlichen Regelwerk oder einer ethischen Haltung ausgehen. Dort wird Kosmopolitismus häufig als spezifisch kulturellen und historischen Ursachen enthoben behandelt,[44] als ethische Haltung etwa im Sinne der Moralphilosophie.[45] Es wird oftmals als universelles Modell für gesellschaftliche Gesellungsformen diskutiert.[46] Aus ethnologischer Perspektive möchte ich argumentieren, dass es in eine falsche Richtung leitet, Tanger unter solch dekulturalisierter Perspektive wie der einer Weltbürgerschaft zu betrachten. Vielmehr ist der Kosmopolitismus Tangers das Resultat vielfältiger sozialer Praktiken: Mehrsprachigkeiten, gemischte Residenz, soziale Alltagsbeziehungen über ethnische und religiöse Kategorien hinweg, gemeinsame Institutionen (wie etwa Vereine bzw. Gerichte, Polizei und Verwaltung). Daher lautet das Fazit: eine starke lokale Verwurzelung schließt kosmopolitische Haltungen, Praktiken und soziale Gesellungsformen überhaupt nicht aus, sondern bedingt sie geradezu. Denn die „Kosmopoliten Tangers – ich meine hiermit nicht die wie in einem Rosenkranz heruntergebeteten expatriierten Künstler, Sinnsucher und Literaten, die nur eine kurze Zeit in der Stadt verblieben, ihr Bild und ihren Mythos aber maßgeblich prägten, sondern die Tanjawis aller drei Religionen – mögen sich vielleicht auch als Weltbürger gesehen haben, in erster Linie aber waren sie Bürger einer Stadt, die die Welt und das Weltläufige in sich trug. Deshalb kann der Kosmopolitismus von Tanger und wahrscheinlich jeder Kosmopolitismus nicht losgelöst von seinen spezifischen lokalen Erfahrungswelten verstanden werden."[47]

## Lineare Grenzen

Nehmen wir die Befunde einer westlichen, auf Identitäten basierenden, sich aus einer größeren Verantwortung zurückziehenden Welt als Ausgangspunkt, in der sich identitäre Gruppen rechter und linker Provenienz aggressiv beharken –

---

44 Siehe etwa Kleingeld/Brown 2002.
45 Ähnlich argumentiert Fuhrmann 2007: 13.
46 Nussbaum 1996.
47 Haller 2016: 51.

Stichworte verrohende Gesellschaft, Hasspostings – und sich ansonsten in digitale oder haptische Echokammern zurückziehen, dann liegt es auf der Hand, dass Grenzen im Sinn der Linearität, der Trennung und Abgrenzung mehr und mehr an Bedeutung gewinnen.[48] Interessant ist allerdings, dass die Idee der linearen Grenze häufig gerade kein Kennzeichen in vornationalen Ordnungen zu sein scheint,[49] und auch im mitteleuropäischen Kontext ist sie relativ jung.[50] So arbeitet der schwedische Ethnologe Löfgren (1999) am Beispiel der Geschichte der Zollpraktiken zwischen Dänemark und Schweden heraus, dass die Idee der klaren nationalen Identität historisch durch verschiedene Differenzierungspraktiken entstanden ist. Wurden zuerst vor allem Güter unabhängig von ihren Transporteuren kontrolliert, so erfolgte später die Kontrolle der Transporteure selbst, deren Identitätsmerkmale in Papiere festgehalten wurden. Zentral wurde die staatliche Zugehörigkeit der Menschen zu einem Land, später die zu einem Nationalstaat.

In der Geschichtswissenschaft ist vor allem Peter Sahlins (1989) die Erkenntnis zu verdanken, dass gesellschaftliche und kulturelle Normen oftmals in den Peripherien entstehen. Sahlins exemplifiziert dies meisterlich an der Entstehung der linearen Grenze zwischen Frankreich und Spanien in den Pyrenäen, die sich aus einer Vielfalt von Grenzziehungen zu einer Linie verdichtete. Die Grenze ist daher der ideale Standort, um den Wesenskern von Kulturen und Gesellschaften, die dominierenden wie auch die untergeordneten Überzeugungen, Weltbilder, Praktiken, Normen und Werte zu untersuchen. Und auch in der Kunst ist es der zonale Grenzraum des Uneindeutigen, der zur Erkenntnis – also zum Denken, Assoziieren, Abgleiten, Schweben und Fliegen – anregt. Dieses Abmessen von Abständen ist es auch, das Jullien (2018: 36) dem identitätsfixierten Denken in Differenzen entgegenstellt: „die Differenz setzt (dabei ...) auf eine Unterscheidung, während der Abstand den Blick auf eine Entfernung richtet." Die Differenz ist klassifikatorisch und identifikatorisch, der Abstand dagegen explorativ und transzendierend. Im Ersetzen des Einen durch das Andere sieht Jullien übrigens ein Gegengift gegen das Identitäterä und den Zerfall des Gemeinsamen. Ähnlich argumentiert Czollek (2018), wenn er dafür plädiert, die deutsche Gegenwartsge-

---

48 Interessant ist hierbei, dass die identitäre Verkammerung von Menschengruppen gegeneinander eine ontologische Öffnung, die den Seelen- oder Personencharakter anderer Wesenheiten betont (z.B. Wohllebens Bäume, Tierrechte), nicht ausschließt. Im Descolaschen Sinne lässt sich argumentieren, dass dies ein Anzeichen für eine zunehmende Totemisierung westlicher Gegenwart darstellen könnte.

49 Barth 2000, Kaufmann 1996.

50 Sahlins 1989, Medick 1995: 221.

sellschaft als einen „Ort der radikalen Vielfalt" zu begreifen. Während die Identität Gleichheit in ihren Mittelpunkt stellt, basiert Gemeinsamkeit auf dem Gemeinsamen der Ungleichen. Julliens so postulierte Unterscheidung von Identität und Gemeinsamkeit reflektiert sich auch in Ethnizitäts- und Kulturkonzepten. Beispielhaft sei der Begriff des Kulturkreises genannt: ursprünglich[51] wurde darunter lediglich ein Netzwerk verdichteter Austauschbeziehungen – also von Abständen – verstanden, das weder in sich homogen noch nach außen abgeschlossen war. Im identitären Gebrauch dagegen sind Kulturkreise intern homogen und nach außen geschlossen, sie basieren auf Identität und Gleichheit.[52] Als kulinarische Metaphern für die beiden Kulturkreisvorstellungen lassen sich der Brei und das Käsefondue bemühen: der identitäre Begriff entspricht dem des Einheitsbreis, bei dem die Einzelbestandteile nicht mehr zu erkennen und sowohl Geschmack als auch Textur einheitlich sind; das Käsefondue dagegen besteht aus verschiedenen Käsesorten unterschiedlichen Schmelzgrades, so dass man beim Verzehr sowohl das Gemeinsame als auch das in Textur und Geschmack Verschiedene noch erkennen kann; es zieht Fäden und ist nicht homogen, sondern weist sowohl verdickte als auch verflüssigte Zustände auf, genauso wie unklare Abgrenzungen nach außen.

## Ethnologische Grenzforschung

Territoriale und staatliche Grenzen waren lange Zeit Begrenzungen für die ethnologische Forschung und das ethnologische Denken. An anderer Stelle[53] habe ich argumentiert, dass sie erst dann zu Gegenständen der Forschung wurden, als sie politisch problematisiert wurden. Es ist kein Wunder, dass sich ein erster Boom ethnologischer Grenzstudien an der US-mexikanischen Grenze nach 1945, ein zweiter an den sich transformierenden EU-Binnen- und Außengrenzen seit Ende der 1980er Jahre entfaltete. Die verstärkte Thematisierung von Staatsgrenzen in den (Sozial)Wissenschaften fiel aber auch mit der Auflösung des nationalen Containerdenkens im Zuge der Globalisierung und der Neoliberalisierung sowie mit der Postmoderne und ihrem Kampf gegen *Grand Narratives* zusammen. Es steht

---

**51** Graebner 1911: 132f.
**52** Als Echo auf die Kulturkreislehre bemühten sich auch Vertreter der deutschen Geographie um eine Unterteilung der Welt in „Kulturerdteile" (Kolb 1962), betonten aber, dass sich Einflüsse benachbarter Kulturräume in mehr oder weniger breiten Grenzsäumen mischen (Newig 1986).
**53** Haller 2003.

zu vermuten, dass die gegenwärtigen Re-Nationalisierungstendenzen den Grenz-
politiken auch wieder mehr akademische Aufmerksamkeit angedeihen lassen
werden.

Was sich an staatlichen Grenzen erwies, zeigte sich auch am ethnologischen
Umgang mit dem Eigenen und dem Fremden. Beide Arten des containerhaften
Denkens – die politisch-territoriale und die klassifikatorische – setzten implizit
voraus, dass das Hier und Dort und die Grenze dazwischen apriorisch vorläge.
Dies vermeinte ich in Bernhard Strecks Idee der Ethnologie als einem Grenzgang
zu erkennen: "Wer Wahrnehmungen ordnen möchte, muss Unterscheidungen
treffen. Und die Richtigkeit der getroffenen Unterscheidung wird im Grenzgang
überprüft", schreibt Streck (1997: 13), der dies am Beispiel des Grenzganges in
hessischen Dörfern exemplifiziert.[54] Dort werden alljährlich die Grenzen der Ge-
markungen abgeschritten und der Sitz und die Verankerung der Grenzsteine kontrolliert. Ich habe einige Jahre später Streck dahingehend kritisiert, dass die „Annahme, daß (b)eide, Grenzgänger wie Ethnologen, (..) an der Grenze entlang
(gehen) und beide (...) über diese hinweg (blicken)', daß die Grenze also schon
vor der Begehung bestünde, (...) außer acht (lässt), daß Grenzen nicht in allen
Kulturen als Trennlinien, sondern häufig als Zonen des Überganges gedacht werden, oftmals markiert durch diskontinuierliche Grenzsteine; daß sie nicht nur als
Schranken zu fungieren vermögen sondern auch als Orte der Berührung; und daß
die Differenzen, die die Grenze markieren, häufig erst in der Begehung abgesteckt
und damit als relevant bestimmt werden."[55] Meine Kritik entzündete sich an der
Vernachlässigung des Individuums bei Streck. Ich unterstellte dem geschätzten
Kollegen, dass er die Dauerhaftigkeit zu sehr betonte und den Aspekt des *doing
border* lediglich im Sinn einer Bestätigung der existierenden Grenzen durch den
Grenzgang, nicht aber den Aushandlungscharakter des Begehens selbst berück-
sichtigte. Ich wiederum folgte – ganz dem damaligen Zeitgeist entsprechend –
dem Impetus, Akteure in den Mittelpunkt der Analyse zu stellen und dauerhafte
Strukturen zu vernachlässigen. Dieser Zeitgeist befeuerte in der Ethnologie eine
Welle der Soziologisierungen, womit nicht nur die Umbenennung von Ethnolo-
gieinstituten in Institute für Sozialanthropologie gemeint ist, sondern vor allem

---

54 Auch unter den marokkanischen Sultanen reisten Expeditionstrupps regelmäßig durch das
Herrschaftsgebiet, um Steuern einzutreiben, die Machtverhältnisse zu demonstrieren und das
Land zu pazifizieren (ḥarkas). Ihr Weg orientierte sich zu den Rändern des Reiches und zeigte
den Untergebenen ebenso wie benachbarten Machthabern immer wieder neu die – wie in anderen Großreichen flottierenden – Grenzen des eigenen Herrschaftsgebiets auf. Zur „itinérance"
der Macht und der „wandering monarchy" vgl. beispielsweise Dakhlia 1988.
55 Haller 2003: 105.

die zunehmende Kritik am Konzept der Kultur selbst. Es waren vor allem etablierte Fachvertreter, die damals für die Erhaltung des Kulturbegriffes eintraten.[56]

Heute vertrete ich dezidierter als damals die Auffassung, dass Strukturen und Handlungen zusammen die Parameter darstellen, die kulturelle Realität ergeben. Das Eine geht nicht ohne das Andere, auch wenn manchmal die eine Seite überwiegen mag. Das kommt übrigens meisterhaft in den immer noch aktuellen Beiträgen von Barth zu Ethnizitätstheorien (1969) und zur Grenze (2000) zum Ausdruck, sowie auch in den Theorien zu politischen Grenzen etwa von Donnan und Wilson (1994, 1999). Denn für Barth (1969) definiert sich Ethnizität nicht durch einen Katalog von Merkmalen, die vom Einzelnen zu erfüllen wären, sondern durch die Wir-Sie-Grenze, die bestehen bleibt, obwohl sowohl Merkmale als auch Individuen über die Grenze hinweg wechseln können. Und *Frontiers go but boundaries remain*, schreibt Wilson (1993) über die Transformation der irisch-nordirischen Grenze nach dem EU-Beitritt Irlands und Großbritanniens, und er meint damit: die Staatsgrenze verschwindet, aber die mentalen und sozialen Grenzen zwischen Nord- und Südirland bleiben erhalten oder verstärken sich sogar. Die Vielzahl der Untersuchungen an politischen Grenzen[57] haben gezeigt, dass diese den Handlungsrahmen von Individuen im Grenzgebiet zumeist nicht nur limitieren, sondern auch auf produktive Weise strukturieren: Grenzgängerinnen, Schmuggler, Migrantinnen, privilegierte Grenzüberschreiter und „kleine Grenzverkehre" vermögen es, Grenzen zu nutzen und gleichzeitig zu unterlaufen.

Es tut gut, sich der in den Verweisen auf Bauer, Jullien und Descola schon angedeuteten anderen Zugangsweisen zum Phänomen der Grenze zu erinnern: Grenzen nicht linear, sondern zonal gedacht; nicht als Orte der Eindeutigkeit, sondern als Orte der Ambivalenz; und nicht als Orte der Selbstbestätigung, sondern der Transzendierung geglaubter Sicherheiten. Denn Kategorien ergeben sich meist aus praktischem Handeln. Diese Auffassung vertritt auch Barth (2000) unter Rückgriff auf Lakoff (1987), nach dem unsere grundlegenden Konzeptionen und Kategorien aufs Engste mit unseren Erfahrungen als lebende Menschen innerhalb einer konkreten Umwelt verbunden sind. Auch Grenzvorstellungen, so Barth, ergeben sich aus den physischen Nutzungspraktiken der Umwelt: Noma-

---

56 Sahlins 1999.
57 Vgl. Donnan/Haller 2000, Wilson/Donnan 2005; zu Afrika unter anderem Nugent/Asiwaju 1996.

den verfügen über Raumgrenzen, die temporal festgelegt sind, norwegische Bauern durch die Tierzucht über geschützte Grundstücke und Pflanzer über Raumgrenzen, die sich nach den Anbauzyklen richten.[58]

## Das Leben selbst – ein Grenzgang?

Wenn Grenzen privilegierte Orte der Erkenntnis sind, dann – diese Bemerkung vorweg – sind es die Grenzen, die von Intellektuellen, Künstlern, Philosophen betrachtet werden: wir (weißen) im sicheren Deutschland lebenden Akademiker konnten es uns zu Beginn des Jahres 2020 (gerade noch) erlauben, wohlfeil über Grenzen zu raisonnieren.[59] Etwas anderes ist es, sich existentiell und physisch an der Grenze zu befinden: auf der Corona-Intensivstation an der Grenze zwischen Leben und Tod, als syrischer Flüchtling mit 100 anderen Flüchtenden im für 30 Personen konstruierten Schlauchboot zwischen der Türkei und Griechenland, zappelnd im Meer und um das Leben kämpfend. Ich entschuldige mich bei diesen Menschen für meine Gedanken, die ich mir als privilegierter Professor erlauben kann. Wenn ich dennoch einen Punkt treffe, der auch in ihrer Erfahrung das Verhältnis zur Welt neu beleuchtet, so wäre es mir eine Ehre.

In diesen Fällen werden aus den Binnenrissen Außengrenzen, also zu jenen Orten, an denen Ordnungen und Sicherheiten nicht nur intellektuelle Herausforderungen darstellen, sondern ganz existentiell zusammenbrechen oder ins Schwinden geraten können. Diejenigen syrischen Flüchtlinge, die ich kenne und die so eine Erfahrung in einem der Schlauchboote in der Ägäis gemacht haben, sehen das genauso: Syrien, die Türkei, Europa, Leben, Kindheit und Erwachsensein, Tod, Zukunft und Vergangenheit kommen in dem Moment des Unterganges des Schlauchbootes zusammen. Sie drücken dies nicht auf eine solch gestelzte Art und Weise aus, aber sie stimmen mir zu, dass die Erfahrung dieser Grenze die Erfahrung eines entsetzlich privilegierten Ortes der Erkenntnis ist – auf die sie aber gerne verzichtet hätten. Denn natürlich kommt es darauf an, ob man die Er-

---

**58** Unsere grundlegenden Konzeptionen und Kategorien basieren nach Lakoff (1987) auf drei verschiedenen Modi: 1. der Fähigkeit der Gestaltwahrnehmung von einem Ganzen und seinen Teilen, 2. der Erfahrung unseres sich im Raum bewegenden Körpers und 3. unserer Fähigkeit, uns reichhaltige mentale Bilder der in der Welt wahrgenommenen Objekte zu machen.
**59** Das hat sich mit Corona verändert, aber da wir noch über keine dementsprechenden Forschungen verfügen, kann ich mich hierzu noch nicht äußern.

fahrung verschwimmender Grenzen so wie ich freiwillig oder wie Johann Gottfried Herder 1793[60] zufällig macht, oder notgedrungen und unter existentieller Bedrohung, wie die Bootsflüchtlinge.

Physische Erfahrungen an Grenzen – auch wenn sie selten so basal sind wie die der Flüchtlinge – wurden immer schon in die Wissenschaftsgeschichte hinein transportiert: etwa die Erfahrung von Herder, dem – zufällig und ironischerweise ebenfalls auf einer Seereise (jedoch von Riga nach Nantes) – vor lauter Seekrankheit buchstäblich die Horizonte verschwammen. Auch Georg Simmels Erfahrung als Grenzfigur im Deutschen Reich (in seinem Falle als Jude im Universitätsbetrieb) war nicht nur intellektueller, sondern ebenfalls existentieller und physischer Art. Für ihn ist die Fähigkeit und das Bedürfnis, Grenzen zu ziehen, eine universelle anthropologische Konstante. Er spricht in diesem Zusammenhang von einem psychologischen Phänomen: Dinge können nur zusammengebracht werden, indem man sie voneinander trennt. Das Ziehen von Grenzen ist demnach der Schlüssel zur menschlichen Kognition. Die Grenze ist *das* Symbol für das Menschsein und der Mensch ein „grenzziehendes Wesen",[61] weil seine Identität und Unterscheidbarkeit gerade durch die Grenze gesichert wird. Der Kulturbegriff selbst verweist auf die anthropologische Fähigkeit des Grenzziehens, stammt er doch vom lateinischen *colere*, was ursprünglich das Abgrenzen eines Stückes Land von der Wildnis durch das Ziehen einer Ackerfurche bedeutet. Aber über die Grenze hinaustreten kann man in der Regel nur, indem man sie überschreitet. Dazu bedarf es einer linearen Grenzvorstellung. Von dieser aus lassen sich klare Definitionen des Eigenen und des Anderen Vornehmen. Der Definitionsbegriff stammt ja aus der Grenzmetaphorik selbst: *de fines* = von den Grenzen her. Fasst man Grenzen aber zonal, dann wird auch der Begriff der Definition zonal, er wird zu einer Metapher. Metaphern sind also nichts anderes als Definitionen, die auf einem zonalen Grenzverständnis mit dem Verweis auf das Öffnende aufbauen.

Wer von der linear gedachten Ackerfurche abkommt (lat. *de irare*), gerät buchstäblich ins Delirium, über die Ränder des Wissens hinaus, dorthin, wo die Sinne schwinden, wo man aus Unkenntnis oder Begeisterung Fremde frisst (Xenophagie), wo einem übel wird, an den Rand des Menschlichen ganz allgemein, in die Länder der Hundsköpfigen, der Amazonen und der Geister. Der Münchener Ethnologe Werner Petermann (2007: 14) drückt dies anders aus, wenn er schreibt: „An den Rändern des Augenscheinlichen, wo das Blickfeld zu Ende ist, spielt die Einbildungskraft mit uneingeschränkten Formen, monströsen Erweiterungen

---

60 Vgl. Herder 1993: 3-17.
61 Simmel 1992: 221ff.

des Menschenbildes, die letztlich Imaginationsexperimente, wenn man so will: auch Spielereien bleiben, und als solche sich – nicht zuletzt ikonografisch – in der populären Vorstellungswelt einnisten." Manchmal führt die Übelkeit zum Erbrechen – nicht wenige Klienten der Sufibruderschaft der Ḥamādša (in der ich seit mehreren Jahren feldforschend arbeite und die ich an anderer Stelle dieses Textes genauer vorstellen werde) erbrechen die verinnerlichten Geistwesen in den entsprechenden Ritualen durch Rülpsen, Krampfen, Würgen und Japsen.[62]

In der philosophischen Anthropologie formuliert Helmut Plessner (1983: 124), „(n)ur in der Grenzzone zwischen Außen und Innen lebt der Mensch als Ganzer." Für Maurice Merleau-Ponty ist der Leib diese Grauzone selbst, wodurch das Leben selbst zum Grenzgang *par excellence* wird. Manchmal wird der Grenzgang permanent, zu einem existentiellen Leiden an der Ortslosigkeit der Heimat, so wie es in dem Lied „SOS d'un terrien en détresse" von Luc Palmondon (1978) gelungen zum Ausdruck kommt

> Pourquoi je vis, pourquoi je meurs
> Pourquoi je ris, pourquoi je pleure
> Voici le S.O.S
> D'un terrien en détresse
> J''ai jamais eu les pieds sur Terre
> J'aim'rais mieux être un oiseau
> J'suis mal dans ma peau
> J'voudrais voir le monde à l'envers

Diese Seite der existentiellen Verzweiflung des Grenzgängertums, die zu keiner neuen Erkenntnis führt, soll nicht verschwiegen werden. Grégory Lemarchal, der größte Interpret dieses Liedes, hatte wohl auch deshalb solch großen Erfolg, weil in seiner öffentlichen *Persona* seine genetische Erkrankung an Mukoviszidose hervorgehoben und inszeniert wurde. Er selbst versuchte, sich als Individuum zu erwünschen, das die Brücke zwischen den Welten begehen könnte („J'aim'rais mieux être un oiseau"), aber eben nicht zu verbinden vermochte („J'ai jamais eu les pieds sur Terre"): das Leben selbst wird zum Grenzgang.

Im Sinne Weidners (2018) wäre Lemarchals Klage in islamischen Gesellschaften die einer „zu wenig an Glauben" und hätte eine andere Bedeutung als im säkularisierten Westen: im Islam gilt der Mensch per se als Fremdling auf der Erde, im Diesseits. Weidner spricht von „Welt als Fremde oder Exil, *ghurba*" und von „Fremdheit als conditio humana." Wie Palmodon (via Lemarchal), so greift auch Weidner auf einen Vogel zurück: das Gefühl des nicht Zuhause Seins in der Welt

---

62 Haller 2016; vgl. auch Hauschild 2003, Zillinger 2013.

verbindet er (2018: 33) mit dem Wiedehopf, von dem der palästinensische Dichter Mahmud Darwish schreibt:

> In uns jedoch ist ein Wiedehopf, so erinnert uns dieser Wiedehopf daran, dass wir sogar mit Heimat und Identität in dieser Welt Fremde sind, dass wir noch andere, höhere Zugehörigkeiten, Bestrebungen und Sehnsüchte haben. Der Wiedehopf erinnert daran, dass die Suche, sei es die metaphysische, sei es die konkrete nach einer Heimat, unser Schicksal ist, dass wir zu Hause gar nicht zu Hause sind, dass wir in dem, was wir lieben, womöglich nur gefangen sind, und dass es in uns etwas gibt, was uns hinaustreibt – sei es in die große, weite und fremde Welt oder in höhere Sphären: In uns jedoch ist ein Wiedehopf.

Hätte der viel zu jung verstorbene Lemarchal innerhalb dieses Weltbilds gelebt, er hätte vielleicht versucht, den Wiedehopf in sich zu zu annehmen und auf seinem Rücken sitzend emporzufliegen.

## Grenzen als privilegierte Orte der Erkenntnis

Ganz besonders für Ethnologen ist die Grenze der epistemologisch zentrale und privilegierte Ort: physisch durch die eigene Existenz am Rande der zu erforschenden Kultur, intellektuell durch das *raisonnement* über diese Situation. In der Volkskunde weist Johanna Rolshoven den Zwischenräumen eine entscheidende Bedeutung zum Verständnis zur „Erforschung komplexer kultureller und gesellschaftlicher Wirk- und Funktionszusammenhängen"[63] zu. Die Position am Rande lässt vorgebliche Selbstverständlichkeiten besonders deutlich erscheinen. Für Ethnologen ist die Grenze schon methodologisch ein Erkenntnisproblem, das in der Fremderfahrung begründet ist. Als wissenschaftliche Beobachter können Ethnologen nicht unterstellen, dass das Alltagsverständnis der eigenen Kultur von Menschen der fremden Kultur, die sie untersuchen, wie selbstverständlich geteilt würde. Ja, Menschen können sich verständigen und austauschen, auch über Kulturgrenzen hinweg. Aber diese allgemeine kommunikative Grundvoraussetzung reicht nicht zur Erkenntnis der besonderen Hintergründe einer zu untersuchenden Gemeinschaft aus. Manches wird übereinstimmen, Anderes nicht. Was wir bei uns beispielsweise als in den Behuf des Religiösen Fallendes begreifen, mag in anderen Gesellschaften so gar nicht zutreffen, etwa weil Religion dort gar keine separierte Domäne darstellt.[64] Ethnologen dürfen daher nicht

---

63 Weis 2003.
64 Schweitzer 1999.

nur einen besonderen Ausschnitt der fremden Kultur, den sie speziell untersuchen, im Auge behalten, sondern müssen allgemeines Hintergrundwissen über „Alles" in der fremden Gesellschaft erlangen – denn sie müssen damit rechnen, dass die Erforschten die Welt anders ordnen als sie selbst.

Dennoch gehen wir nicht unvorbereitet ins Feld, sondern mit bestimmten Erwartungen an die dortige Realität, mit theoretischem Vorwissen, mit Kenntnissen über Methoden der Datengewinnung und pragmatischen Vorstellungen über die Art und Güte der zu erwartenden Daten. Und mit einer Zuspitzung auf bestimmte Forschungsfragen und -gegenstände. Der Eintritt ins Feld führt dann aber in der Regel zu einem Kulturschock, weil unsere Erwartungen durch die Erfahrung des Fremden enttäuscht, gestört und verwirrt werden.

Ausgangspunkt meiner früheren Überlegungen[65] war es, dass es sich – wenn man den Wesenskern des kulturell Spezifischen verstehen wollte – anbot, die Grenzen des „Normalen" zu untersuchen und sich vor allem Grenzgängern zuzuwenden: sie bewegen sich in gefährlichen Kontexten, an den Rändern des Erlaubten und sie wagen – durchaus nicht immer harmlose – Begehungen der Zwischenräume zumeist voneinander getrennten Domänen.

In meinen Feldforschungen in Sevilla, Gibraltar und Tanger wandte ich mich daher jenen *Personae* zu, denen die Begehung nicht als bloße Individuen, sondern als Vertreter institutionalisierter Rollen gelang. Ich legte das Hauptaugenmerk in allen drei Feldforschungen auf gelungene Grenzgänge und auf geglückte Transgressionen innerhalb gesellschaftlich und kulturell unterfütterter Konstellationen: Transvestiten und Schwule in Sevilla, Schmuggler und Konvertiten in Gibraltar, Trancespezialisten in Tanger. Dabei ließ es sich auf Untersuchungen aufbauen, die betonten, dass es häufig marginalisierte Personen[66] seien, die es verstehen, die Welten miteinander zu verbinden, zwischen ihnen zu vermitteln.[67] In Klassengesellschaften sind Homosexuelle transgressive Figuren, und zwar im doppelten Sinne: nicht nur, weil sie die Grenzen zwischen Männlichkeit und

---

**65** Haller 1992.

**66** Fry 1985 stellt für die afrobrasilianischen Kulte fest, dass nicht nur die männlichen Teilnehmer am *macumba* Außenseiter (hier: *bichas*) seien, sondern auch die weiblichen Teilnehmer. Diese rekrutierten sich zu einem Großteil aus Lesbierinnen, Prostituierten und promisken Frauen. Vgl. auch Haller 1992, Landes 1940, Fichte 1976, Fry 1985, Parker 1986.

**67** In den Vodookulten Westafrikas (Christoph/Mirow 2009) werden die Welten der Menschen und der Geistwesen im Kult miteinander versöhnt. „Im Ursprungsmythos der Winnebago und anderer nordamerikanischer Indianergruppen vereinigt die Grenzfigur des Trickster Ordnung und Chaos in sich; sie wird von Begierden beherrscht und besessen, ist egoistisch und besitzt die Mentalität eines grausamen Kindes; gleichzeitig gilt sie jedoch als Kulturbringer und ihre Reise endet mit einer teilweisen Zähmung ihrer Triebe." (Haller 2000a: 5).

Weiblichkeit überschreiten, sondern weil sie Beziehungen zwischen den Klassen ermöglichen, die ansonsten nicht möglich sind.

In einem weiteren Gedankenschritt erachtete ich es allerdings als zu kurz gegriffen, wollte man die Grenzgänger auf ihre Position „zwischen" den Ordnungen festschreiben. Vielmehr sind sie nur aus der Sicht derer, die sich in der dichotomen Ordnung verhaftet wähnen, marginal und peripher. Aus strukturaler Perspektive dagegen können sie zentrale Personen sein, weil sich in ihnen und in ihren Transgressionen die Ordnung selbst manifestiert: sie verkörpern gewissermaßen die Ordnung.

Für Wissenschaftler, die nicht in der Gefahr sind, Leib und Leben zu riskieren wie Flüchtlinge im Schlauchboot, ist es ein Privileg, sich auf der Grenze zu befinden. Das habe ich auf meinem ethnologischen Lebensweg schnell gelernt: als Ethnologe fischte ich im „Teich" der Volkskundler (also in Europa), für die Volkskundler und ihre vielfältig umnominierten Nachfolgedisziplinen blieb ich „der Völkerkundler". Als Forscher über Homosexualität war ich sowohl jenen Kollegen, die Geschlecht ausschließlich als „Frauensache" verstanden, als auch den feministischen Kolleginnen, die mich maternalistisch einzugemeinden suchten, suspekt – da ein Mann. Ich fand mich in einer schizophrenen Situation wieder: sozial und psychisch belastete mich der Kampf um Anerkennung im KollegInnenkreis als doppelt Marginalisierter ungemein, intellektuell versuchte ich, diese Situation für mich nutzbar zu machen. Trost fand ich etwa in Positionen wie der des Marburger Kollegen Münzel,[68] für den – während der Feldforschung – der ideale Platz für den Ethnologen im Halbdunkel bestand: im Nicht-Drin-und-Nicht-Draußen.[69] Der Platz des geduldeten Fremden, der es ermöglicht, zwischen den beiden Welten – der der Untersuchten und der der Herkunftskultur – zu vermitteln und gleichsam eine dritte Position einzunehmen. Schilling (1986: 351) nennt diesen Bereich ein „neues Land", ein „Niemandsland", das gerade dort entstehen kann „wo die Menschen, die darin leben, das als Ressource nehmen, was ihnen abgesprochen, weil es hier zu Ende scheint: Bedeutung." Denn gelten auf beiden Seiten der Grenze unterschiedliche „Wahrheiten"[70] bzw. „Wirklichkeiten"[71], so verfügt das Grenzland darüber hinaus über eine dritte, eine eigene „Wahrheit". Diese eigene Wahrheit zeigt sich in der Kenntnis beider Seiten, die den meisten Grenzräumen eigen ist. Fernandez (2000) spricht gar von *peripheral wisdom*. Und genau diesen Kenntnissen, diesen Eigensinnigkeiten oder dieser

---

**68** Streck 1995.
**69** Vgl. auch Haller 2016a: 118.
**70** Girtler 1991: 42ff.
**71** Girtler 1992: 32ff.

Weisheit des Grenzraums wenden sich Ethnologen heute zu, wenn sie sich mit Grenzen beschäftigen. Ich finde: zu recht. Jedenfalls, wenn es um den Erkenntnisgewinn geht. Was die sozialen und psychischen Kosten betrifft, so müsste man dies sicherlich differenzierter bewerten, denn nichts ist umsonst und der Preis kann hoch sein.

## Grenzen des Menschseins: Einverleibung und Anverwandlung des Fremden

Wenn sich an Grenzgängern die Ordnung selbst manifestiert: Warum besitzen sie dann das Potential, Konflikte und Verunsicherungen hervorzurufen? Für Leach (1976: 34) gibt es „immer eine gewisse Unsicherheit darüber, an welchem Punkt genau die Kategorie A die Kategorie nicht-A berührt". Das Problem läge also in der möglichen Überlappung der Kategorien. Diese Erklärung geht jedoch m.E. nicht weit genug: Wieso soll ein bloß kognitives Problem für eine derartige Verunsicherung verantwortlich sein? Ich meine, anomale Objekte, also die nicht eindeutig zuzuordnenden Phänomene bzw. Personen, stellen das kulturelle Projekt der Klassifikation insgesamt in Frage. An diesen Phänomenen bzw. Personen erweist sich, dass die Welt vielleicht doch nicht so geordnet ist, wie das gemeinhin angenommen wird. Es kommt dann zu den bereits erwähnten Widersprüchen.

„Wer sich (an Grenzen) aufhält, hat Mühe, sich verlässlich zu orientieren, fürchtet, den Weg zu verlieren, fühlt sich allen möglichen Gefahren ausgesetzt, glaubt sich von böswilligen Zwergen, Hexen und Riesen bedroht".[72] Chaos und Zusammenbruch der Ordnung erscheinen möglich. „The individual is thus haunted by a vision of a world without guidelines by which to plan behavior and in which the only practical responses are catatonia or random activity".[73] An Grenzen des Normalen wird die Ordnung selbst durch die Institutionalisierung von Grenzagenturen, -spezialisten und -ritualen sichtbar: hier wird das Gefahrvolle des Außen abgepuffert und das Beglückende des Fremden eingebunden.[74] Dabei haben die Kulturen der Welt unterschiedliche gesellschaftliche Mechanismen entwickelt, auf die in der Folge eingegangen wird: den Umgang mit Raumgrenzen, Übergangsriten, die Delegierung an ganz bestimmte Grenzspezialisten und die Anverwandlung/Einverleibung des Fremden. Petermann (2007: 20)

---

**72** Müller 1987: 28.
**73** Gray 1979: 28.
**74** Trenk 2002.

schreibt, dass uns die „generelle Monstrosität der Weltrandvölker" Aufschluss darüber gibt „dass wir uns der letzten Grenze des Menschlichen nähern. Das ist nicht nur geographisch zu verstehen. In den physischen Ungeheuerlichkeiten wird nicht nur das Nachlassen des *humanum* sichtbar, in ihnen verkörpert sich auch die Ansteckung die von der anderen Seite ausgeht." Daher bedarf es der Ritualisierung der Grenzsituation, und zwar sowohl gegenüber den „Weltrandvölkern" als auch innerhalb einer Gemeinschaft. In der Ethnologie wurden insbesondere die Statusübergänge innerhalb von Gesellschaften untersucht. Die Erkenntnisse, die daraus gewonnen werden, lassen sich aber auch auf die Beziehungen des Menschen zum „Außen" – seien es fremde Gruppen, Geistwesen, Tiere oder die Toten – übertragen.

Man hatte übrigens immer erwartet, dass die Verwissenschaftlichung der Fremderfahrung durch Ethnologie, Geschichts-, Gesellschafts- und Kulturwissenschaften durch belastbare Befunde und wachsendes Wissen das Monströse vertreibe: Einäugige und Gigantopoden, Knochenlose und Cynokephalen ins Reich der Fabeln verweise und die so gezeichneten Völker als Menschen anerkenne. So ist es verwunderlich, dass die Explosion jederzeit verfügbaren Wissens durch die digitale Welt gerade in den der Aufklärung verpflichtetsten Ländern, in Europa und den USA, zu einer Rückkehr des Monströsen[75] geführt hat: zwar sind es keine Hundeköpfigen mehr, aber dafür großschwänzige Afrikaner, inhärent kriminelle Hispanics, geilheitsgesteuerte Muslime und stupide arabische Gebärmaschinen, deren Humanität von weiten Teilen der rassistischen Bevölkerung abgesprochen wird.

Nicht überall auf der Welt betrachten sich Menschen als die einzigen Wesen, die einen Personencharakter besitzen. Auch westliche Leser von Wohllebens Bücher, Pferdeflüstererinnen, Hundebesitzer, Hobbygärtnerinnen und Alaskareisende, denen 500 km von der nächsten Siedlung der Sprit ausgeht, haben eine Ahnung davon. In welcher Hinsicht sich die Coronakrise darauf auswirkt, ist noch nicht abzuschätzen. In rund 77% der Weltkulturen wird etwa die Existenz von Geistwesen als ontologisch real betrachtet, wie Bourguignon (1973) in einer vergleichenden Studie von über 450 Kulturen herausgefunden hat. Sich bei der Frage nach dem Umgang mit Grenzen unreflektiert und ausschließlich auf den Umgang von Menschen miteinander zu beschränken, wäre daher fahrlässig ethnozentrisch. Denn auch Geistwesen besitzen zumeist einen Personencharakter, den es sich genauso anzuverwandeln gilt wie den, den die Menschen in sich tragen.

---

**75** In ihrem Jahresbericht klagt Amnesty International 2017 über die zunehmende Dämonisierung ganzer Bevölkerungsgruppen.

Bei den Shona etwa, im heutigen Zimbabwe und in angrenzenden Teilen Mosambiks, wird – wie Kramer (1987) in seinem Werk „Der rote Fes" zeigt – die Begegnung mit Fremden in der Mythologie, in Geister- und Besessenheitskulten verarbeitet. Hier sind es Ritualmeister, die die Betroffenen durch die Kulte führen. Im Glauben der Shona wird man nie von den Geistwesen jener Gruppe besessen, der man selbst angehört, sondern ausschließlich von einem Fremdgeist (*shave*), z.B. von den Geistern der Europäer, den Geistern der Leute von der Küste, denen der Paviane oder denen der Ndbele. Diese unbekannten, beängstigenden Geister versucht man sich durch Nachahmung anzueignen. Besessenheitsrituale mit Verkleidung, Trancen, Tanz und Musik werden zur Waffe gegen Angst, Verzweiflung, Demütigung und all die negativen Gefühle und Emotionen, die das Fremde und Unbekannte mit sich bringen.

In meiner eigenen Forschung beim Sufiorden der *Ḥamādša* in Marokko, bei denen ich seit 2013 forsche[76], sind diese in den Augen der meisten Sunniten schon „irgendwie" Muslime, die sich jedoch geradezu mutwillig an die Schwellen zur Anderswelt der Geistwesen (*jnūn*) begeben und diese zu übertreten trachten. Auch sie erkennen zwar an, dass man sich von den *jnūn* fernhalten solle – alleine, ob dies gelingt, steht nicht im Behuf der Menschen selbst, sondern in dem der *jnūn*. Die aus dem Äußeren kommenden Begierden können gebannt werden, indem man ihre Verursacher (eben die *jnūn*) aus dem Körper vertreibt.

Den *Ḥamādša* und einigen anderen marokkanischen Sufibruderschaften dagegen geht es darum, die Geistwesen entweder mit Ritualen, Gaben, Musik, Räuchersubstanzen und Trancen im Ritual der *Ḥaḍra* zu beschwören und sie sich anzuverwandeln bzw. sich mit ihnen zu vereinen, oder, wenn sie den Leib des Klienten bereits besessen haben, ihre schädigenden Wirkungen zu bannen. Gerade dieser verwickelnde Umgang mit der Welt der *jnūn* ist nicht nur für westlich geprägte Modernisierer problematisch, sondern auch für die Nationalisten, viele marokkanische Intellektuelle und für islamistische Modernisierer – wenngleich aus unterschiedlichen Motiven.[77]

Gesellschaften, die eher dem *creare* als dem *crescere* verbunden sind, verweisen Transgressionsspezialisten oder die Transgredierenden an ihren Rand oder über diesen Rand hinaus. Dabei sind es diese Spezialisten, die die herrschende Ordnung selbst repräsentieren.[78] Sie überschreiten die Grenzen und werden, wenn Sie dies bewältigt haben, häufig zu Heiligen erhoben. Dort können sie dann

---

76 Haller 2016a, b.
77 Haller 2016: 149ff.
78 Vgl. auch Maffesoli 1986.

kein Un-Heil mehr ausrichten, sondern Heil. Trenk (1996) zeigt am Beispiel nordamerikanischer Indianer, wie der Konsum von Alkohol Transgressionen ermöglicht und Betrunkene dadurch mitunter zu Heiligen werden. Für Indien hat Basu (1994) schon früh darauf hingewiesen, wie in den synkretistischen Gemeinschaften der Sufis gesellschaftlich Randständige – in ihrem Falle Sklaven – zu Heiligen werden können. Wie die Sklaven überschreiten die Besessenen die Grenzen und werden, wenn Sie dies geglückt bewältigt haben, häufig zu Heiligen erhoben. Die indischen Sidi Faqire besitzen wie die Ritualspezialisten der Ḥamādša die Kraft des Heilens.[79] Denn nur wer die Besessenheit am eigenen Leibe erfahren und durch mühevolle Übungen, Rituale, Leiden und Irrungen überwunden hat, ist in der Lage, als Heiliger anderen Besessenen zu helfen. Die Besessenheit selbst ist für den oder die Einzelne oftmals eine große Last, eine existentielle Beschwernis. Aus indianischen Gesellschaften wissen wir, dass sich durch Geistwesen zum Schamanentum Berufene oft mit Händen und Füssen gegen diese Berufung wehren, denn sie ist auf lange Zeit keine wahre Freude und es ist auch nicht sicher, ob das Individuum diese Berufung überhaupt einmal bewältigen können wird. Allerdings können jene, wenn sie Ihre Besessenheit im Griff haben (was immer das auch bedeutet), zu Heiligen werden, weil sie es gelernt haben damit umzugehen. In der modernen Gesellschaft ist das anders. Dort werden die Besessenen ver-rückt, also beiseite gerückt, weggesperrt, lobotomiert, sediert oder so funktionsfähig gemacht, dass sie dem Arbeitsmarkt wieder zur Verfügung stehen.

Dass die *jnūn* verschiedenen Religionen angehören können – es gibt muslimische, christliche, jüdische und heidnische – zeigt ebenfalls, dass die Befallenen (in der Regel Muslime) sich eben auch die Fremdgeister der Christen, Juden oder Heiden einzuverleiben vermögen. Im Tanger meiner Feldforschung jedenfalls sprechen viele Alteingesessene davon, dass „die Spanier" die abwesenden (und anwesenden), in jedem Falle aber die verinnerlichten Anderen seien – mit ihnen teilt man jenseits religiöser Differenzen die Mentalität, die Begierden, die freizeitlichen Leidenschaften (der Musik, der Küche, des Fußballs) und die Art zu denken. Mit den nicht mehr in Tanger lebenden Juden teilt man die Lebensweise und die Verbundenheit zum Ort, und nicht wenige Muslime, die ich kennengelernt habe, verstehen sich „eigentlich" als Juden (und beziehen sich auf eine Familiengeschichte, deren Wahrheitsgehalt ich weder bezeugen noch leugnen kann). Ich traf sogar auf Muslime, die sich erwünschen, von Juden angepinkelt

---

**79** Dass es in vielen Kulten gerade Randständige sind, die die Position der Ritualspezialisten und der Heiligen einnehmen, wurde beispielsweise im Kontext afrobrasilianischer Kulte (Landes 1940, Fry 1985, Parker 1986) thematisiert.

zu werden, um sich so die fremden Geister wenngleich nicht ein-, so doch anzuverleiben. Da die *jnūn* aus rauchlosem Feuer sind, können sie ihre Bedürfnisse nur befriedigen, wenn sie eine Form ergreifen – ein Tier oder einen Menschen –, die sie dann reiten. Menschen und Tiere können also zu Gefäßen für die Geister werden. Die Besessenen sind damit so etwas wie Pforten zur Anderswelt, die man entweder (wie in den orthodoxen islamischen Rechtsschulen) gänzlich verschließen oder aber über die man (wie im marokkanischen Volksislam) ein Bündnis mit den Geistern schließen muss.

# Transgressionen – temporäre und dauerhafte

Eine Möglichkeit des Umgangs mit dem potentiell bedrohlichen Fremden ist seine Delegierung an einzelne Individuen oder auch eine spezielle Gruppe. Die professionellen Grenzgänger im Schmuggel, im Transvestitismus und in den Trancebruderschaften wurden schon genannt; Schamanen sind in der Fachgeschichte wohl die am besten untersuchten Transgressionsspezialisten.

Man sollte aber auf der Hut sein: das Leben auf der Grenze ist gefährlich, jene, die „Botschaften empfangen haben und sie nun, wie einst jene es taten, selber weitergeben sind in Gefahr, den Boden zu verlieren. Je nachdem, in welcher Form sie das tun und wie sie sich selber sehen, nennen wir sie Propheten, Seher, Mystiker, Dichter, Denker oder nur Verrückte, Schizophrene, Kranke", schreibt Weidner (2018: 30). Ich möchte mich an dieser Stelle aber nicht wie bereits zuvor in diesem Text den spirituellen Transgressionsspezialisten zuwenden, an deren Würdigung gerade in der deutschsprachigen Ethnologie kein Mangel besteht.[80] Vielmehr möchte ich Spezialisten aus dem Bereich des Politischen betrachten, mediterrane Beispiele aus dem Osmanischen Reich und dem alawitischen Marokko. Beide Länder waren lange von fremden Mächten bedroht, deren diplomatischen und konsularischen Vertreter galten daher als potentiell gefährlich. Die Diplomaten waren aber meist nur kurz in den jeweiligen Ländern zugegen und daher auf einheimische Berater und Übersetzer angewiesen: die sogenannten Dragomanen. Diese waren meist lokal wohl etablierte Händler oder Gelehrte, sie profitierten von existierenden kollegialen und familiären Netzwerken, Resultat von Generationen der *Intermarriage* und der sozialen Bindungen zumeist kleiner Gemeinschaften, wie den levantinischen Katholiken, den unierten Griechen oder

---

80 Hier seien stellvertretend Fritz Kramer, Michael Oppitz, Thomas Hauschild, Hans-Peter Duerr und Helene Basu genannt.

den katholischen Armeniern in Konstantinopel, den Griechisch-Orthodoxen und den Juden. Die Dragomanen sind aber lediglich ein Beispiel für solch eine Gruppe, die sich in den Kulturen der Welt als professionelle Spezialisten für den Umgang mit Fremden herausgebildet haben. Man denke an die Ashkenazim in ihrer Funktion als Geldverleiher dort, wo dies Christen verboten war. Oder an die Parsen Indiens. Oder an bestimmte Händlergruppen. Es ist wohl bezeichnend, dass ein rassistischer Reinheitsfanatiker wie Wilhelm Emil Mühlmann[81] gerade diese Gruppen als „Scheinvölker" denunzierte.

In Konstantinopel gab es wahre Dragomanendynastien, die sogenannten *Frango-Perotes*, römisch-christliche Levantiner, die im Stadtteil Pera lebten. Ein Beispiel dafür ist die Testa-Familie, ihre Angehörigen dienten verschiedenen Nationen (dem Kaiser, Frankreich, Venedig, Preußen, Holland) als Dragomanen. Heiratsverbindungen schufen und erhielten Netzwerke mit anderen Dragomanendynastien.[82]

In Marokko[83] war man den Vertretern fremder Mächte gegenüber realistischerweise noch vorsichtiger als im Osmanischen Reich: seit Sultan Mohammed Ben Abdallah im späten 18. Jahrhundert durften sich ausländische Diplomaten nicht in der Hauptstadt Fès niederlassen, sondern mussten weit davon entfernt in Tanger leben, bis ins frühe 20. Jahrhundert hinein die diplomatische Hauptstadt des Landes. Die fremden Nationen stellten zumeist marokkanische Juden unter ihren Schutz, die ihnen als Dragomanen dienten. Manche Familien arbeiteten für einzelne Nationen (z.B. die Attias für Brasilien, die Toledanos für das Deutsche Reich, die Castiels für die Niederlande), andere arbeiteten für mehrere Länder (etwa die Abensurs[84] für Dänemark, Großbritannien, Österreich-Ungarn und die USA, die Nahons[85] für Belgien, Dänemark, Deutschland und Frankreich). Für den marokkanischen Hof, den *Makhzen*, sollte Tanger die Funktion einer Quarantänestation einnehmen, die die Bedrohung durch die mächtigen Fremden

---

**81** Christian Sigrist erzählt über seinen Lehrer: „Mühlmann wollte eine *soziologische* Rassentheorie entwickeln. Ich wusste zwar von seiner Vergangenheit, aber erst in Sizilien wurde mir klar, dass Mühlmann noch immer ein Rassist war: Wir waren 1963 in Cefalú, als ich Mühlmann auf eine vorbeilaufende, extrem buntscheckige Katze mit Albinoaugen aufmerksam machte. Er antwortete: ‚Wie alles auf Sizilien – immer diese verdreckten Rassenkreuzungen!' Da war mir klar, dass er entgegen meiner Erwartungen und trotz aller Freundlichkeit im Umgang Entscheidendes nicht gelernt hatte." (Haller 2011: 230) Vgl. auch Michel 1992.

**82** de Groot 2002, Rothman 2009.

**83** Gilson Miller 1991.

**84** Laredo 1936: 95ff.

**85** Laredo 1936: 435.

geringhalten sollte. Die Dragomanen fungierten dabei als Schutzfilter zwischen *Makhzen* und den Fremden.

Eine solchermaßen verstandene Art der Nation greift auf vornationalstaatliche Vorstellungen zurück: nämlich auf jene „historisch entstandene Entwicklungsform der Gesellschaft, die sich besonders in der Gemeinsamkeit des Wirtschaftslebens, des Territoriums, der Sprache und Kultur findet. In den frühen Belegen steht das Wort, dem Lat. folgend, für ‚Volk' und ‚Stamm', bezeichnet dann ‚alle in einem Land Geborenen' (16. Jh.)." „Bis zum 18. Jahrhundert war Nation eine Herkunftsbezeichnung ohne feste Konturen und meist auch ohne Beziehung zu einer staatlichen Einheit."[86] So beschreibt der amerikanische Historiker Pieter M. Judson, wie

> windungsreich sich in der Donaumonarchie das Verständnis der Nation entwickelt. Zunächst bezeichnet ‚Nation' in Ungarn den Adel, der in Wahrung seiner Rechte dem Kaiser gegenübertritt, erst später ist damit ein ganzes Land mit allen seinen Bewohnern gemeint. Unklar ist auch, was genau eine Nation auszeichnet. Zunächst definiert sie sich durch ihre Geschichte. Mähren, eine historische Landschaft, empfindet sich als ganz eigenständig; dass man die gleiche Sprache wie in Böhmen spricht, führt nicht zur Verbrüderung. Auch die Ungarn haben ein starkes Gefühl einer ungarischen Identität, doch Anfang des 19. Jahrhunderts spricht die städtische Bevölkerung zu Hause meist Deutsch. Erst im Laufe der kommenden Jahrzehnte wird die Sprache zum Kriterium, viele Ungarn müssen sie lernen – und tun es auch (wie sie nun vorzugsweise Csárdás tanzen), um sich als Patrioten zu zeigen.[87]

Beeinflussen politische und territoriale Grenzen häufig die Gesellungsformen und den Handlungsrahmen von Individuen, so sind diese wiederum nicht notwendigerweise an Raumgrenzen gebunden. Soziale Grenzen wurden in der Fachgeschichte anfangs sogar weitgehend unabhängig von politischen Grenzen untersucht: insbesondere im Kontext der Statustransition, die von Denkern wie van Gennep und Turner maßgeblich konturiert wurden. Zentral in diesen Ansätzen ist ebenfalls die Annahme, dass Transitionen potentiell gefährlich sind und sie daher in eine soziale Form gefasst werden müssen, die diese Gefahr für die Gesellschaft (oder Gemeinschaft) abfedert und so gering wie möglich hält. In der Ethnologie unterscheidet man dauerhafte und temporär begrenzte Übergänge und somit auch Übergangsriten.

Dauerhafte Übergangsrituale transformieren ganz generell eine Person vom Status A in den Status B. Dazwischen befindet sich eine liminale Phase, in der die Person mit den Aufgaben und Pflichten und Rechten des neuen Status vertraut

---

86 Seibel 1989.
87 Speicher 2017.

gemacht wird. Und diese Rituale sind nie individuell, sondern gesellschaftlich oder gemeinschaftlich, das heißt, der neue Status und die Übergangsphase werden a) von allen Mitgliedern anerkannt und sind b) hochgradig strukturiert.

Der Frankfurter Ethnologe Marin Trenk (2002) beschäftigt sich kulturvergleichend mit solchen Übergängen, in denen Fremde zu Eigenen gemacht werden. Er nennt dies mit Hallowell Transkulturalisation. Hierbei geht es nicht um die Aneignung von fremden Waren, sondern um die Indigenisierung fremder Menschen (Europäer) in Stammesgesellschaften. Trenks Beispiele stammen aus dem indianischen Nordamerika. Europäer konnten dort zu Stammesmitgliedern, zu Eingeborenen werden, zu *White Indians*. Wichtig dabei war, dass Weiße, die in der nordamerikanischen Kolonialzeit von Indianern entführt wurden oder zu ihnen überliefen, dort Adoptions- oder Heiratsrituale durchleben mussten, um in die Gruppe aufgenommen werden zu können. Danach lebten sie weder am Rande der Gesellschaft noch in einem Schwebezustand, sondern waren vollwertige Mitglieder der Gruppe, mit allen Rechten und Pflichten.

Auch innerhalb der Kulturen selbst wird das unheimliche Fremde gebändigt und in Übergangsriten kanalisiert. Wiederum bei nordamerikanischen Indianern müssen sich etwa die Initianden in den Erwachsenenstatus in der Wildnis alleine durchschlagen, sind Wetter, Wind und Hunger ausgesetzt – dort sollen sie Visionen erhalten, die ihnen in Form von Schutzgeistern zeigen, wer sie als Erwachsener sein werden. Man kann sagen, sie müssen ihren eigenen Abgründen, ihrem eigenen Horror ins Gesicht schauen, um zu wissen, wer sie sind, wer sie in ihrer Gemeinschaft sein werden. Sie müssen das Andere erfahren, um das Eigene zu erkennen.

Neben geglückten Übergängen, die das Fremde dauerhaft zum Eigenen machen, es gewissermaßen integrieren, finden sich in vielen Kulturen temporäre Übergangsrituale wieder, die den Fremden für eine begrenzte Zeit Transgressionen erlauben oder zum Nichtfremden, zum Gast, machen.

Vielfach beschrieben und theoretisiert wurden temporäre Transgressionsrituale wie der Karneval, die für eine begrenzte Zeit die herrschende Ordnung auf den Kopf stellen: *the world upside down.*[88] Babcock (1978: 20f) benutzt dafür den Begriff der symbolischen Inversion[89]: „...it is through various forms of symbolic

---

88 Vgl. auch Maffesoli 1986.
89 In der Wissenschaftsgeschichte wird der Begriff der Inversion auf unterschiedliche Weise verwendet: als Synonym der rhetorischen und grammatikalischen Figur der Metapher, als Anastrophe und Antistrophe. Das Konzept der *world upside down*, der *mundus inversus*, ist aber älter als das der Inversion (Kunzle 1978). Vor allem in der Literaturwissenschaft wird mit dem Begriff der Inversion gearbeitet: über Ironie, Paradoxon und Parodie. Auch zur Beschreibung der Komödie wurde der Begriff der Inversion verwendet.

inversion that culture frees itself from the limitations of 'thou shalt not's,' enriches itself with the subject-matter without which it could not work efficiently, and enables itself to speak about itself". Auch Needham (1963) arbeitete mit dem Begriff der Inversion in seiner Einleitung zu Durkheims und Mauss' *Primitive Classification* im Sinne der Umkehrung oder Desintegration der alltäglich gültigen kulturellen Erwartungen und Werte. Diese Umkehrung wird in rituellem Rahmen ausagiert.

Um die Gefahren des Fremden, der temporär in das eigene Gebiet eindringt, abzumildern, entdecken wir in vielen Kulturen ausgeklügelte Gastrituale. Gingrich (1999) beschreibt für Jemen ein solches Ritual: das Gastmahl. Dieses, bestehend aus Gaben, rituellen Formeln und Höflichkeiten, speziellen Sitzpositionen und anderen Rechten und Pflichten, überführt den reisenden Fremden oder Besucher in den Status eines gesicherten und vorübergehenden Gastes, mit einem klar umrissenen Zusammenhang von Rechten und Pflichten zwischen Gast und Gastgeber. Das Gastmahl macht also aus dem reisenden Fremden einen Gast. Er wird zum vorübergehenden Mitglied der Haushaltsgesellschaft des Gastgebers. Der Gastgeber versorgt und schützt seinen Gast (Essen, Komfort, Pflege); der Gast respektiert das Prestige des Gastgebers (keine Widerworte, Höflichkeiten, Respekt), und er achtet auf die begrenzte Zeit des Gastverhältnisses (Schutz bedeutet, dass der Gastgeber nach außen hin der rechtliche Vertreter des Gastes ist: er muss seinen Gast vertreten, der Gast selber kann dies nicht). Kurz: man beschenkt den Fremden und sorgt sich um ihn, er wird dadurch verpflichtet, sich ungefährlich zu verhalten. Der Fremde wird für einen begrenzten Zeitraum in das bestehende Ordnungsgefüge des Gastgebers eingeordnet und in einen Zwischenstatus doppelter Unterordnung verweisen.

# Fazit

„Das Fremde sucht uns heim, noch bevor wir es einlassen oder uns seiner zu erwehren trachten", formuliert der Philosoph Bernhard Waldenfels (1997: 73-74). „Das Fremdwerden der Erfahrung setzt ein mit der Abweichung von den Bahnen vertrauter Gewohnheiten. Es kündigt sich an als Beunruhigung, die unsere vertrauten Ordnungen stört und die selbst unsere Sinne durcheinanderbringt." An Prognosen über die beunruhigenden Effekte des möglichen Zeitenbruches durch die Pandemie, die uns als Fremdes heimsucht, überbieten sich Denker und Denkerinnen. Ich möchte mich nicht daran beteiligen, sondern lediglich für den gegenwärtigen Zeitpunkt (Februar 2021) feststellen, dass zumindest im europäischen Raum Formen der Distanzierung Grauzonen bereinigen: physischen

Abstand wahren, Anderen aus dem Weg gehen, Digitalisierung der Kommunikation, Parzellierung des Bewegungsfreiraumes. Grundlagen für die Entstehung von Gesellschaftlichkeit verschwinden hinter Masken und Bildschirmen: im öffentlichen Raum wird der Blick ins offene Gesicht begrenzt, auch wenn Viele jetzt erlernen, vornehmlich mit den Augen zu kommunizieren. Videotreffen reduzieren Kommunikation auf Hör- und Sichtbares – andere für die Kommunikation wichtige, aber gemeinhin gering geschätzte Sinne werden ausgeblendet. Der Gabentausch verengt sich auf den Austausch von Materiellem, das gemeinsame Feiern und die Rituale der Begegnung unterbleiben. All dies deutet darauf hin, dass sich gegenwärtig in Europa die Grauzonen verstärkt linearisieren. Ich habe kein belastbares Material dafür, welchen kulturellen Umgang man in anderen Weltgegenden mit der Pandemie pflegt und pflegen kann. Eines aber ist klar: in Europa lebt man in kulturellen, rechtlichen und medizinischen Umständen, die die Durchsetzung von Distanzierungsmaßnahmen privilegieren.

Ich habe mich mein ganzes Berufsleben lang zwar mit verschiedenen Themen beschäftigt, subsummieren lassen sich meine Feldforschungen in Sevilla, Gibraltar, Texas und Tanger in der Nachschau jedoch eindeutig als Grenzforschungen. Diesen unterliegend ist die Frage nach der Scheidung des Hegemonialen, Normalen, Selbstverständlichen und Unverrückbaren vom Subalternen, Abartigen, Merkwürdigen und Flackernden. Wie und wann werden Grenzen der Sicherheit abgesteckt und gegen das Wilde verteidigt? Wie werden *tonal* und *nagual*,[90] Kultur und Wildnis, Norm und Abweichung bestimmt und voneinander geschieden? Ganz sicherlich speist sich die berufliche Beschäftigung auch aus persönlichen und familiären Verunsicherungen. Diese Beunruhigung wurde bei uns zuhause in erster Linie als Bereicherung gesehen. Was dann in zweiter Linie folgte, das musste sich im Einzelfall erweisen.

Machen wir einen Sprung aus den vorwissenschaftlichen Vorbedingungen und dem ethnologischen Forschungsprozess. Obwohl protestantisch geprägt, war mir das Katholische nicht fremd: klare Positionen hatte man schon zu haben, aber Haltungen und Praxis waren eben doch nicht dasselbe. Als Menschen sind wir fehlbar, nicht gradlinig: wer A eindeutig von B scheidet, ignoriert den Bereich der Überlappung, der Überschneidung, der Verunreinigung, des Überganges, in dem wir Menschen uns alle bewähren müssen. In dieser alltäglichen Welt der Unklarheiten, des Durchwurschtelns und Frickelns, des Vermischens und der Grauzonigkeit erfahren Forscher die Grenze zwischen verschiedenen Wirklichkeiten mit unterschiedlichen Wahrheiten, oftmals „verschüttet" und nicht mehr in den

---

**90** Indianische Konzeptionen von Kultur und Natur.

großen Diskurs eingespeist, ein *peripheral wisdom*, das unsere eigenen Selbstverständlichkeiten zutiefst zu erschüttern vermag. Wenn wir diese Erschütterung überstehen und reflektieren, dann erweist sich die Grenze tatsächlich als privilegierter Ort der Erkenntnis. Wir erfahren etwa, dass Identität, Reinheit und Eindeutigkeit heute kaum als erklärungsbedürftig gelten, Ambivalenz, Grauzonen, Mischung dagegen schon. Das war einmal anders, die Familiengeschichten von Patrice und Fiorina scheinen letzte Relikte einer Selbstverständlichkeit zu sein, die heute mehr und mehr in Bedrängnis kommt. In beiden Geschichten spielt nicht nur das multiethnische, -religiöse und -kulturelle Nebeneinander von Gruppen eine Rolle, sondern auch die vielfältigen und hybriden (oder ambivalenten und ambiguen) Lebensformen der Individuen selbst: mehrere Sprachen sprechend, soziale Beziehungen mit Anderen pflegend, möglicherweise selbst aus „kulturell uneindeutigen" Familien stammend – das war einmal normal. Heute bezeichnet dagegen man diese Familien fraglos als gemischt; heute, im Zeitalter des Identitätsimperativs, der ethnischen Reinigungen und der religiösen Purifizierung.

Gerade sind Syrien und Irak noch immer dabei, von ethnischen und religiösen Ambivalenzen und Ambiguitäten bereinigte Gesellschaften zu werden und die autochthonen christlichen Gemeinschaften, aber auch andere Minderheiten wie die Jeziden und Turkmenen zu vertreiben und Schiiten von Sunniten territorial voneinander zu trennen, säkulare Kräfte zu verfolgen und zu unterdrücken sowie Gesellschaften mit einer enggeführten Form des Islam zu begründen. Die Entflechtung der Vielfalt ist nicht neu und war insbesondere im Mittelmeerraum eine der großen Katastrophen des 20. Jahrhunderts. Nur noch in kleinen quasikolonialen Enklaven (wie Ceuta, Melilla und Gibraltar) haben sich mehrere Generationen zurückgehende autochthone ethnische Pluralitäten erhalten.

Auch in der Gegenwart scheint es also so, als ob Fiorina und Patrice jeden Grund zur Sorge und Verzweiflung haben könnten, ebenso wie jene, die Mischung und Hybridität nicht ausschließlich als Anachronismus und Bedrohung, sondern als Normalzustand oder wenigstens als Raum der Möglichkeiten betrachten.

Nach den Krisen des Nationalstaates gegen Ende des 20. Jahrhunderts und ihrer Überlagerung durch Transnationalisierung und Globalisierung um die Jahrtausendwende kommen heute wieder protonationalistische und -faschistische Reinheitsbestrebungen zum Tragen: von den Erfolgen des *Front National* und der AfD über die Bürgerkriege in Zypern, Libanon, Bosnien und Algerien bis zu den Attentaten auf Djerba, in Casablanca, Marrakech, Madrid, Istanbul und Tunis. Auch die kosmopolitischen, multiethnischen und säkulären Gesellschaften des

„Westens" sind dem allgemeinen Identitäterä anheimgefallen – ob bei den faschistischen Bewegungen um Trump, Farage, die Kaczyńskis, Salvini, Le Pen, Wilders, Strache und Gauland, die überall an Boden gewinnen, oder bei den faschistoiden Betschwestern der besserwissenden Linken: sie alle sind zu einflussreichen Kündern eines neuen, verengten Zeitalters geworden, in dem das Fremde eingehegt, Eindeutigkeit propagiert und Übergänge bereinigt werden sollen. Grautöne, Ambivalenzen und Ambiguitäten werden in solch einem Klima immer schwerer erträglich.

Ein Blick auf den Mittelmeerraum zeigt uns jedoch, dass die heutige Welle der Purifizierungen nicht die erste ist. Er bedarf einer historischen Perspektive auf jene Ressourcen, die in vorhergegangenen Reinigungswellen als Gegengifte mobilisiert werden konnten – und die sich vielleicht auch in die sich verrohenden europäischen und arabischen Nationen hinüberretten lassen. Vielleicht hält ja gerade der Mittelmeerraum auch Gegengifte gegen die unheilvolle Tendenz, das Eindeutige zu verfechten, bereit. Denn nicht selten überleben gerade in den mediterranen Städten Ressourcen des Miteinanders: persönliche Erfahrungen und Erinnerungen, familiäre und lokale Narrative, architektonische und urbanistische Merkmale, soziale und kulinarische Praktiken, lokale Geisteshaltungen. Ressourcen zeichnen sich dadurch aus, dass sie genutzt und gebündelt werden können, um persönliche Diskurse, Denkweisen und Praktiken in gesellschaftliche Visionen umzuformen: in politische Ideologien. Im Mittelmeerraum, der besonders stark von den Entflechtungen des 20. Jahrhunderts betroffen war, entstanden ja in lokalen oder regionalen Kontexten auf gelebten Grundlagen immer wieder politische Ideologien,[91] die sich gegen die Purifizierungen wandten und ein Lob der Mischung anstimmten. Wünschenswert wäre es, dass diese Quellen lokalen Wissens und lokaler Praxis uns in den rohen barbarischen Landstrichen Europas und Arabiens ein Beispiel für ein gedeihliches Miteinander geben. Es handelt sich hierbei nämlich nicht ausschließlich um einen ideologischen Wunsch, den man träumen kann, sondern um empirische Befunde, die es zu bergen, zu erhalten und verengten Identitätsversionen entgegenzuhalten gilt. Aber alleine das ideologische Bekenntnis zu einer wie auch immer gearteten kosmopolitischen und offenen Identität wird nicht helfen, solange soziale Formen der Daseinsbewältigung diese nicht unterfüttern: verwandtschaftliche und freundschaftliche Beziehungen, ökonomische Geflechte auf nachbarschaftlicher Ebene, Schutz-, Loyalitäts-, und Gabenverpflichtungen über Gruppengrenzen hinweg. Und die Verwurzelung in lokalen wie translokalen Bezügen gleichermaßen.

---

91 Siehe etwa Phönizianismus im Libanon (Kaufman 2001) und Tunesien (Erdle 2001), Levantinismus in Israel (Ohana 2016) und Pharaonismus in Ägypten (Rejwan 2009).

Auf erkenntnistheoretischer Ebene fordern uns Grauzonen, Uneindeutigkeiten, Ambiguitäten und Ambivalenzen als Wissenschaftler heraus. Insbesondere die Ethnologie, die ja als Wissenschaft nicht in der Tradition der Ent-wicklung steht,[92] muss nicht auf Teufel komm raus versuchen, zu trennen, zu benennen, zu ordnen und klare Begrifflichkeiten und Kategorisierungen zu entwickeln. Die Welten, in die wir uns hineinbegeben, zeichnen sich nämlich gerade dadurch aus, dass sie ver-wickelt sind und wir daher – wollen wir dem ethnologischen Imperativ des Emischen, also des „Nachvollziehens eigensinniger Regelhaftigkeiten" folgen – nicht unseren, sondern *ihren* Trennungs- und Ordnungsmodalitäten gemäß analysieren müssten. Nehmen wir unsere eigenen Modalitäten, dann ziehen wir, wie Rottenburg (2006) betont, dem Fremden den Stachel des Fremden. Wir löschen ihn. Vielleicht sollten wir eine Wissenschaft entwickeln, die Ambiguitäten, Ambivalenzen, Widersprüche und Vermischungen zum selbstverständlichen Ausgangspunkt macht. Diese könnte dann Benennungs-, Aussonderungs- und Trennungsunterfangen aus der vorgeblichen A-kulturalität befreien. Der Blick fiele dann in erster Linie nicht auf Ambiguitätstoleranz, sondern auf Ambiguitätsintoleranz. Dies würde bedeuten, eine Phänomenologie zu entwickeln, in der wir die Erkenntnis nicht in erster Linie den Gegenständen zukommen lassen, sondern den Benennungs- und Grenzziehungsprozessen, etwa Wissenschaft und ihre Benennungsobsessionen selbst zum Gegenstand des *raisonnements* werden lassen. Denn das, was wir in unserer westlichen Tradition machen, ist nicht normal, sondern es entspringt einer bestimmten Pathologie des Zerstückelns und des neu Zusammenfügens, um Prozesse zu akzelerieren und eine lineare Fortschrittserzählung zu generieren. Im Gegensatz dazu ginge es darum, eine neue Phänomenologie zu entwickeln – eine Phänomenologie, die den kulturellen Formen des Herstellens von Unterschieden in den Gesellschaften der Welt Rechnung trägt. Vielleicht ließe sich daraus eine Wissenschaft begründen, die Vernunft, Spiritualität und das Wundersame zusammendenkt. Eine *eurabfrikanische* Wissenschaft, da jede der drei Regionen paradigmatisch für jeweils eine der drei Ansätze steht. Es handelt sich dabei wirklich um eine Vision, denn innerhalb jeder der drei Regionen koexistieren die drei zusammengedachten Essenzen natürlich ebenfalls miteinander: Europa mit seiner Vernunft, der Ökoromantik und den Absonderungen; der arabische Raum mit seiner vernunftbetonten Tradition im Sinne eines Ibn Bajja, Ibn Tufayl, Ibn Rushd, Abdelkébir Khatibi und Taha Hussein, seiner Spiritualität und dem Wundersamen der sufistischen Heiligen; und Schwarzafrika mit seinem Voodooglauben, der gleichsam vernunftbasiert, spirituell und wundersam ist. So unterschiedlich sind die Ressourcen in den

---

92 Haller 2016b: 54ff.

drei Regionen nicht, doch die Dominanz einer der Ressourcen in der jeweiligen Region verleitet uns oft dazu, dies zu übersehen. Das ist letztendlich eine politische Vision. Aber eine Vision, die das Gemeinsame, die Übergänge und die Flexibilität der Traditionen, die in all diesen Kulturen wurzeln, betont.

# Literatur

Abu-Lughod, Lila 1991 Writing against Culture, in: Richard G. Fox (Hg.), *Recapturing Anthropology*. Santa Fé, School of American Research Press: 137-162.

Amnesty International 2017 *Amnesty International Report 2017/18. Zur weltweiten Lage der Menschenrechte*. Frankfurt/Main, S. Fischer Verlage.

Arboleda, Manuel G. 1987 Social Attitudes and Sexual Variance in Lima, in: Stephen O. Murray (Hg.), *Male Homosexuality in Central and South America*. Instituto Obregón, San Francisco: 101-118.

Babcock, Barbara (Hg.) 1978 *Reversible Worlds*. Ithaca/London, Cornell University Press.

Baethge, Christopher 2004 Absage an die Mehrdeutigkeit. *Frankfurter Rundschau Online*, 6. Mai 2004.

Baniotopoulou, Christina 2018 Sex bleibt ein Fragezeichen. *ZEIT Online*, 26. Januar 2018.

Barth, Fredrik 1969 *Ethnic Groups and Boundaries. The Social Organization of Cultural Difference*. London/Oslo, Verso.

Barth, Fredrik 2000 Boundaries and Connections, in: Anthony Cohen (Hg.), *Signifying Identities*. London, Routledge: 17-37.

Basu, Helene 1994 *Habshi Sklaven, Sidi-Fakire. Muslimische Heiligenverehrung im westlichen Indien*. Berlin, Das Arabische Buch.

Bauer, Thomas 2011 *Die Kultur der Ambiguität – Eine andere Geschichte des Islams*. Berlin, Verlag der Weltreligionen.

Bauer, Thomas 2018 *Die Vereindeutigung der Welt – Über den Verlust an Mehrdeutigkeit und Vielfalt*. Stuttgart, Reclam.

Baumann, Zygmunt 2005 *Moderne und Ambivalenz. Das Ende der Eindeutigkeit*. Hamburg, Hamburger Edition.

Beeman, William 1986 Freedom to Choose: Symbols and Values in American Advertising, in: Herve Varenne (Hg.), *Symbolizing America*. Lincoln, University of Nebraska Press: 52-65.

Bourdieu, Pierre 2010 *Algerische Skizzen*. Frankfurt/Main, Suhrkamp.

Bourguignon, Erika 1973 Introduction. A Framework for the Comparative Study of Altered States of Consciousness. In Erika Bourguignon (Hg.), *Religion, Altered States of Consciousness and Social Change*. Columbus, Ohio State University Press: 3-38.

Boutayeb, Rachid 2014 *Orgasmus und Gewalt – Minima islamica*. Aschaffenburg, Alibri Verlag.

Christoph, Henning/Mirow Benedict 2009 *MamiWata – Das Geheimnis der weißen Frau und Voodoo in Benin*. Film von Nightfrog/Nightberry.

Coccia, Emanuele 2018 *Die Wurzeln der Welt. Eine Philosophie der Pflanzen*. München, Carl Hanser Verlag.

Czollek, Max 2018 *Desintegriert Euch!* München, Carl Hanser Verlag.

Dakhlia, Jocelyne 1988 Dans la mouvance du prince. La symbolique du pouvoir itinérant au Maghreb, in: *Annales Economies Sociétés Civilisations*, Vol. 43, Nr. 3: 735-760.

de Amicis, Edmondo 1897 *Morocco – Its People and Places*. Philadelphia, Henry T. Coates & Co.

de Groot, Alexander 2002 Die levantinischen Dragomanen. Einheimische und Fremde im eigenen Land. Kultur und Sprachgrenzen zwischen Ost und West (1453-1914), in: Wolfdietrich Schmied-Kowarzik (Hg.), *Verstehen und Verständigung Ethnologie – Xenologie – Interkulturelle Philosophie. Justin Stagl zum 60. Geburtstag*. Würzburg, Königshausen & Neumann: 110-128.

https://doi.org/10.1515/9783110749311-002

De Martino, Gianni/Schmitt, Arno 1985 *Kleine Schriften zu zwischenmännlicher Sexualität und Erotik in der muslimischen Gesellschaft*. Berlin, Selbstverlag.

Descola, Philippe 2011 *Jenseits von Natur und Kultur*. Berlin, Suhrkamp Verlag.

Dialmy, A., 2000 L'Islamisme marocain. Entre révolution et intégration, in: *Archives de sciences sociales des religions*, Vol. 110, avril-juin: 5-27. http://assr.revues.org/20198 (Letzter Zugriff: 03.12.2015).

Diez, Georg 2020 Harvard-Professor Homi Bhabha: „Amerika ist nicht einfach polarisiert, seine Seele ist bipolar geworden". *NZZ Online*, 2. Dezember 2020. https://www.nzz.ch/feuilleton/homi-bhabha-amerikas-seele-ist-bipolar-geworden-ld.1588944 (Letzter Zugriff: 03.12.2020).

Donnan, Hastings /Haller, Dieter 2000 Liminal no More. The Relevance of Borderland Studies, in: *Ethnologia Europaea*, Vol. 30, Nr. 2: 7-23.

Donnan, Hastings/Thomas M. Wilson (Hg.) 1994 *Border Approaches. Anthropological Approaches on Frontiers*. Lanham/MD, University Press of America.

Donnan, Hastings/Thomas M. Wilson (Hg.) 1999 *Border – Frontiers of Identity, Nation and State*. Oxford/New York, Berg.

Douglas, Mary 1995 The Cloud God and the Shadow Self, in: *Social Anthropology*, Vol. 3, Part 2, June: 83-95.

Du Bois, Cora 1955 The Dominant Value Profile of American Culture, in: *American Anthropologist*, Vol. 57, Nr. 6: 1232-1239.

Dupré, Ben 2012 *Schlüsselideen der Menschheit*. Heidelberg, Spektrum Akademischer Verlag.

Eckhardt, Lisa 2019 Nuhr im Ersten. *ARD*, 31. Januar 2019. https://www.youtube.com/watch?v=ce6mDPaQ9uw (Beschränkter Zugang. Letzter Zugriff: 01.02.2021).

Erdle, Steffen 2001 Die Suche nach Karthago. Tunesien im Spannungsfeld zwischen Globalisierung und Regionalisierung, in: Henner Fürtig (Hg.), *Islamische Welt und Globalisierung. Aneignung, Abgrenzung, Gegenentwürfe*. Würzburg, Ergon Verlag: 179-211.

Fernandez, James 1974 The Mission of Metaphor in Expressive Culture, in: *Current Anthropology*, Vol. 15, Nr. 2: 119-145.

Fernandez, James 1980 The Dark at the Bottom of the Stair: The Inchoate in Symbolic Inquiry and Some Strategies for Coping with it, in: Jacques Maquet (Hg.), *On Symbols in Anthropology – Essays in Honor of Harry Hoijer*. Malibu, Undena Publications: 13-45.

Fernandez, James 2000 Peripheral Vision, in: Anthony Cohen (Hg.), *Signifying Identities*. London, Routledge: 15-37.

Fichte, Hubert 1976 *Xango. Die afroamerikanischen Religionen II. Bahia. Haiti. Trinidad*. Frankfurt/Main, Fischer.

Foucault, Michel 1977 *Überwachen und Strafen*. Frankfurt/Main, Suhrkamp.

Fry, Peter 1985 Male Homosexuality and Spirit Possession in Brazil, in: *Journal of Homosexuality*, Vol. 11, Nr. 3/4: 137-155, 345.

Fuhrmann, Malte 2007 Meeresanrainer-Weltenbürger? Zum Verhältnis von hafenstädtischer Gesellschaft und Kosmopolitismus, in: *Comparativ. Zeitschrift für Globalgeschichte und vergleichende Gesellschaftsforschung*, Vol. 17, Nr. 2: 12-27.

Gebser, Jean 1949-53 *Ursprung und Gegenwart*. Stuttgart, DVA.

Gilson Miller, Susan 1991 Crisis and Community. The People of Tangier and the French Bombardment of 1844, in: *Middle Eastern Studies*, Vol. 27, Nr. 4: 583-596. https://doi.org/10.1080/00263209108700878 (Letzter Zugriff: 13.04.2021).

Gingrich, André 1999 *Erkundungen – Themen der ethnologischen Forschung*. Wien, Böhlau.

Girtler, Roland 1991 *Über die Grenzen – Ein Kulturwissenschaftler auf dem Fahrrad*. Linz, Veritas/Frankfurt/Main, Campus-Verlag.

Girtler, Roland 1992 *Schmuggler – von Grenzen und ihren Überwindern*. Linz, Veritas.

Goffman, Erving 1975 (1. Aufl. 1963) *Stigma*. Frankfurt/Main, Suhrkamp.

Graebner, Fritz 1911 *Methode der Ethnologie*. Heidelberg, C. Winter.

Gray, Joseph Patrick 1979 The Relationship of Males to Nature and Culture, in: *Anthropology*, Vol. 3, Nr. 1: 27-46.

Gredys Harris, Grace 1989 Concepts of Individual, Self, and Person in Description and Analysis, in: *American Anthropologist*, Vol. 91: 599-612.

Groebner, Valentin 2019 *Wer redet von der Reinheit? Eine kleine Begriffsgeschichte*. Wien, Passagen Verlag.

Haller, Dieter 1992 *Machismo und Homosexualität – zur Geschlechtsrollenkonzeption des Mannes in Andalusien*. Dissertation an der Universität Heidelberg 1991, Publikation auf Microfiche März 1992.

Haller, Dieter 2000a *Gelebte Grenze Gibraltar – Transnationalismus, Lokalität und Identität in kulturanthropologischer Perspektive*. Wiesbaden, Deutscher Universitätsverlag – Soziologie.

Haller, Dieter 2000b Romancing Patios. Die Aneignung der Stadt im Rahmen der ethnischen und nationalen Neubestimmung in Gibraltar, in: Waltraud Kokot/Thomas Hengartner/Kathrin Wildner (Hg.), *Kulturwissenschaftliche Sichtweisen auf die Stadt*. Berlin, Dietrich Reimer: 225-251.

Haller, Dieter 2007 *Lone Star Texas – Ethnographische Notizen aus einem unbekannten Land*. Bielefeld: Transcript.

Haller, Dieter 2011 *Interview mit Christian Sigrist*. 2. Mai 2011. http://www.germananthropology.com/cms/media/uploads/4e53c31888fd9/interview_4f06f3b397399.pdf (Letzter Zugriff: 01.02.2021).

Haller, Dieter 2016a *Tanger – der Hafen, die Geister, die Lust. Eine Ethnographie*. Bielefeld, Transcript.

Haller, Dieter 2016b Ontologische Verwicklungen – die Vernunft und die Geister, in: *Psychosozial*, Vol. 146, Nr. 4: 45-61.

Haller, Dieter 2017 Sinne die tanzen, Gedanken die schweben – unser Traum von der harmonischen Welt, in: *Kuckuck – Notizen zur Alltagskultur*, Vol. 17, Nr. 1: 56-62.

Hamm, Bernd 2004 *Gesellschaft zerstören – Der neoliberale Anschlag auf Demokratie und Gerechtigkeit. Ein Reader kritischer Stimmen zur US-amerikanischen Politik*. Berlin, Kai Homilius Verlag.

Hastrup, Kirsten 1993 Native Anthropology. A Contradiction in Terms?, in: *Folk*, Vol. 35: 147-161.

Hauschild, Thomas 2002 *Magie und Macht*. Gifkendorf, Merlin-Verlag.

Hauschild, Thomas 2003 Reisen, Schweben, Kotzen, in: *Voyage – Jahrbuch für Reise- und Tourismusforschung. Bd. 6: Körper auf Reisen*. Köln, DuMont Buchverlag: 10-25.

Hayer, Björn 2014 Gesellschaftskritiker Byung-Chul Han. Wir Facebook-Kapitalisten. *Spiegel Online*, 30. Juli 2014. http://www.spiegel.de/kultur/literatur/byung-chul-han-psychopolitik-ueber-neoliberalismus-und-macht-a-981070.html (Letzter Zugriff: 01.02.2021).

Hendrich, Geert 2005 *Arabisch-Islamische Philosophie – Geschichte und Gegenwart*. Frankfurt/Main, Campus Verlag.

Herder, Johann Gottfried 1992 *Journal meiner Reise im Jahr 1769*. Historisch-kritische Ausg., [Nachdr.], Stuttgart, Philipp Reclam jun.: 3-17.

Jacobsen, Lenz 2016 Die größte Macht der Welt. *ZEIT Online*, 10. November 2016. http://www.zeit.de/politik/ausland/2016-11/us-wahl-donald-trump-wahlsieg-demokratie/seite-2 (Letzter Zugriff: 01.02.2021).

Joas, Hans 2017 *Die Macht des Heiligen – Eine Alternative zur Geschichte von der Entzauberung*. Berlin, Suhrkamp Verlag.

Jullien, François 2018 *Es gibt keine kulturelle Identität*. Berlin, Suhrkamp Verlag.

Kammler, Clemens 1986 *Michel Foucault. Eine kritische Analyse seines Werks*. Bonn, Bouvier.

Kappacher, Nadine 2008 *„drinnen, draußen, dazwischen" – Die Grenze als Raum der Ambivalenz. Sozial- und kulturanthropologische Annäherungen an Zwischenräume*. Diplomarbeit (Kultur- und Sozialanthropologie) an der Universität Wien.

Kaufman, Asher 2001 Phoenicianism: The Formation of an Identity in Lebanon in 1920, in: *Middle Eastern Studies*, Vol. 7: 173-194.

Kaufmann, Christian 1996 Auf dem Boden der Wir-Leute – Grenzvorstellungen in Melanesien, in: Guy P. Marchal (Hg.), *Grenzen und Raumvorstellungen (11.-20. Jh.)*. Luzern, Chronos 1996: 41-79.

Khatibi, Abdelkebir 1999 Le lutteur de classe à la manière Taoïste. *Sindbad*, 1. Januar 1999. https://www.poemes.co/le-lutteur-de-classe-a-la-maniere-taoiste.html (Letzter Zugriff: 01.03.2021).

Khatibi, Abdelkebir 2008 *Le scribe et son ombre*. Paris, Différence.

Kleingeld, Pauline/Brown, Eric 2002 Cosmopolitanism, in: *Stanford Encyclopedia of Philosophy*. https://plato.stanford.edu/entries/cosmopolitanism/ (Letzter Zugriff: 01.03.2021).

Kohn, Eduardo 2013 *How Forests Think. Toward an Anthropology Beyond the Human*. Berkeley, University of California Press.

Kolb, Albert 1962 Die Geographie und die Kulturerdteile, in: Adolf Leidlmair (Hg.), *Hermann von Wissmann-Festschrift*. Tübingen: Selbstverlag des Geographischen Instituts der Universität: 42-49.

Kotek, Joël (Hg.) 1996 *L'Europe et ses villes-frontières*. Bruxelles, Éditions Complexe.

Kramer, Fritz 1987 *Der rote Fes. Über Besessenheit und Kunst in Afrika*. Frankfurt/Main, Athenäum.

Kunzle, David 1978 World Upside Down. The Iconography of an European Broadsheet Type, in: Barbara Babcock (Hg.), *The Reversible World*. Ithaca, Cornell University Press: 39-95.

La Fontaine, J. S. 1985 Person and Individual. Some Anthropological Reflections, in: Michael Carrithers/Steven Collins/Steven Lukes (Hg.), *The Category of the Person*. Cambridge, Cambridge University Press: 123-140.

Lakoff, George 1987 *Women, Fire, and Dangerous Things*. Chicago, Chicago University Press.

Lancaster, Roger N. 1988 Subject Honor and Object Stigma. The Construction of Male Homosexuality and Stigma in Nicaragua, in: *Ethnology*, Vol. 27, Nr. 2: 111-125.

Landes, Ruth, 1940 A Cult Matriarchate and Male Homosexuality, in: *Journal of Abnormal Social Psychology*, Vol. 35: 386-397.

Lang, H., 2006 Rez. Holm-Hadulla, Rainer M.: Kreativität – Konzept und Lebensstil, in: *Psyche – Zeitschrift für Psychoanalyse*, Vol. 60, Nr. 3: 280-282.

Laredo, Isaac 1936 *Historia de un Viejo Tangerino*. Madrid, Bermejo.

Latour, Bruno 2008 *Wir sind nie modern gewesen – Versuch einer symmetrischen Anthropologie*. Berlin, Suhrkamp.

Leach, Edmund 1976 *Culture and Communication*. Cambridge, Cambridge University Press.

Löfgren, Orvar 1999 Crossing Borders: The Nationalization of Anxiety, in: *Ethnologia Scandinavica*, Vol. 29: 5-27.

Maffesoli, Michel 1986 *Der Schatten des Dionysos – Zu einer Soziologie des Orgiasmus.* Frankfurt/Main, Syndikat: 31-40.

Maffesoli, Michel 1993 Identification or The Pluralisation of the Person, in: Pierre-Olivier de Busscher/Rommel Mendès-Leite (Hg.), *Gay Studies from the French Cultures. Voices from France, Belgium, Brazil, Canada, and The Netherlands.* Philadelphia, The Haworth Press: 31-40.

Mauss, Marcel 1985 A Category of the Human Mind. The Notion of Person; the Notion of Self, in: Michael Carrithers/Steven Collins/Steven Lukes (Hg.), *The Category of the Person.* Cambridge, Cambridge University Press: 1-25.

Medick, Hans 1995 Grenzziehungen und die Herstellung des politisch-sozialen Raumes. Zur Begriffsgeschichte der Grenzen in der Frühen Neuzeit, in: Richard Faber/Barbara Naumann (Hg.), *Literatur der Grenze/Theorie der Grenze.* Würzburg, Königshausen & Neumann 1995: 211-225.

Michel, Ute 1992 Wilhelm Emil Mühlmann (1904-1988) – ein deutscher Professor. Amnesie und Amnestie. Zum Verhältnis von Ethnologie und Politik im Nationalsozialismus, in: *Jahrbuch für Soziologiegeschichte 1991.* Opladen, Leske & Budrich: 69-119.

Müller, Klaus E. 1987 *Das magische Universum der Identität. Elementarformen sozialen Verhaltens.* Frankfurt/Main/New York, Campus Verlag.

Narayan, Kirin 1993 How Native is a "Native" Anthropologist?, in: *American Anthropologist,* Vol. 95, Nr. 3, September: 671-687.

Nassehi, Armin 2018 Geht doch auch so. Interview durch Heinrich Wefing. *ZEIT Online,* 8. Juli 2018. https://www.zeit.de/2018/28/armin-nassehi-soziologie-institutionen-kontrolle/komplettansicht (Letzter Zugriff: 01.02.2021).

Needham, Rodney 1979 *Symbolic Classification.* Sta. Monica, Goodyear Publishing Company.

Nehring, Andreas/Simon Tielesch 2013 *Postkoloniale Theologien. Bibelhermeneutische und kulturwissenschaftliche Beiträge.* Stuttgart, Kohlhammer.

Newig, Jürgen 1986 Drei Welten oder eine Welt. Die Kulturerdteile, in: *Geographische Rundschau,* Vol. 38, Nr. 5: 262-267.

Nugent, Paul/Asiwaju, Anthony I. (Hg.) 1996 *African Boundaries. Barriers, Conduits and Opportunities.* London/New York, Pinter.

Nussbaum, Martha C. 1996 Patriotism and Cosmopolitanism, in: Martha C. Nussbaum et al. (Hg.), *For Love of Country. Debating the Limits of Patriotism.* Boston, Beacon Press: 2-20.

Ohana, David 2016 Jacqueline Kahanoff – Between Levantinism and Mediterraneanism, in: Mihran Dabag/Dieter Haller/Nikolas Jaspert/Achim Lichtenberger (Hg.), *New Horizons.* Münster, F. Schönigh Verlag: 361-385.

Parker, Richard 1986 Masculinity, Femininity, and Homosexuality. The Anthropological Interpretation of Sexual Meanings in Brazil, in: *Journal of Homosexuality,* Vol. 12: 155-163, 346.

Petermann, Werner 2007 *Hundsköpfe und Amazonen – Als die Welt voller Monster war.* Wuppertal, Ed. Trickster im Peter Hammer Verlag.

Pines, Shlomo 1937 Some Problems of Islamic Philosophy, in: *Islamic Culture,* Vol. 11: 66–88.

Plessner, Helmut 1983 *Gesammelte Schriften. Band 8: Conditio Humana.* 1 Aufl., Frankfurt/Main, Suhrkamp.

Rejwan, Nissim 2009 *Arabs in the Mirror. Images and Self-images from Pre-Islamic to Modern Times.* Austin, University of Texas Press.

Ross, George 2005 Jeder Rentner ist sich selbst der Nächste. *Le Monde diplomatique Online,* Nr. 7686, 10. Juni 2005.

Rothman, E. Natalie 2009 Interpreting Dragomans. Boundaries and Crossings in the Early Modern Mediterranean, in: *Comparative Studies in Society and History*, Vol. 51, Nr. 4:771-800.

Rottenburg, Richard 2006 Von der Bewahrung des Rätsels im Fremden, in: Dirk Tänzler (Hg.), *Neue Perspektiven der Wissenssoziologie*. Konstanz, Universitätsverlag Konstanz:119-136.

Sahlins, Marshall 1999 Two or Three Things I Know About Culture, in: *The Journal of the Royal Anthropological Institute*, Vol. 5, No. 3: 399-421.

Sahlins, Peter 1989 *Boundaries – The Making of France and Spain in the Pyrenees*. Berkeley, University of California Press.

Schilling, Heinz 1986 Über die Grenze – Zur Interdependenz von Kontakten und Barrieren in der Region Saarland/Lothringen, in: Heinz Schilling (Hg.), *Leben an der Grenze – Recherchen in der Region Saarland/Lothringen*. Frankfurt/Main, Schriftenreihe des Instituts für Kulturanthropologie und Europäische Anthropologie an der Universität Frankfurt am Main: 345-394.

Schweitzer, Thomas 1999 Wie erklärt man eine fremde Kultur, in: *Kölner Zeitschrift für Soziologie und Sozialpsychologie*, Vol. 51, Heft 1: 1-33.

Seibel, Wolfgang SJ 1989 Nation - Nationalstaat – Nationalismus, in: *Stimmen der Zeit – Die Zeitschrift für christliche Kultur*, Vol. 11. http://www.stimmen-der-zeit.de/zeitschrift/archiv/beitrag_details?k_beitrag=2523626&k_produkt=2627966 (Nicht mehr zugänglich. Letzter Zugriff 15.03.2015).

Simenel, Romain 2014 *L'origine est aux frontières*. Paris, Éditions de la Maison des sciences de l'homme.

Simmel, Georg 1992 Soziologie des Raumes, in: *Schriften zur Soziologie*. 4. Aufl., Frankfurt/Main, Suhrkamp: 221-243.

Speicher, Stephan 2017 Genug vom Kaiser. *ZEIT Online*, 19. Juli 2017. https://www.zeit.de/2017/30/habsburg-geschichte-eines-imperiums-pieter-m-judson (Letzter Zugriff: 01.02.2021).

Stephan, Cora 1985 *Ganz entspannt im Supermarkt. Liebe und Leben im ausgehenden 20. Jahrhundert*. Berlin, Rotbuch Verlag.

Stewart, Angus 1977 *Tangier. A Writer's Notebook*. London, Hutchinson.

Straub, Jürgen 2015 Personale Identität und religiöser Glaube im Zeitalter der Kontingenz, in: Sabine Schmitz/Tuba Işik (Hg.), *Muslimische Identitäten in Europa. Dispositive im gesellschaftlichen Wandel*. Bielefeld, Transcript: 99-158.

Streck, Bernhard 1997 *Fröhliche Wissenschaft Ethnologie. Eine Führung*. Wuppertal: Peter Hammer.

Stüben, Peter E. 1983 Das Irrationale und der Wissenschaftler oder: wir werden nicht darauf verzichten, ernstgenommen zu werden, in: *Unter dem Pflaster liegt der Strand*, Vol. 12: 59-73.

Taylor, Clark L. 1976 How Mexicans Define Male Homosexuality. Labeling and the Buga View, in: *The Kroeber Anthropological Social Papers*, Vol. 78: 106-128.

Tillich, Paul 1962 *Auf der Grenze*. Stuttgart, Evangelisches Verlagswerk.

Trenk, Marin 1996 „Ein Betrunkener ist eine heilige Person". Alkohol bei den Waldlandindianern Nordamerikas in den Anfangszeiten der europäischen Expansion, in: *Historische Anthropologie*, Vol. 4, Nr. 3: 420-438.

Trenk, Marin 2002 Weltmonokultur oder Indigenisierung der Moderne?, in: *Zeitschrift für Weltgeschichte*, Vol. 3, Nr. 1: 23-39.

Turner, Victor 1967 Betwixt and Between. The Liminal Period in Rites de Passage, in: ders., *The Forest of Symbols. Aspects of Ndembu Ritual*. Ithaca/London, Cornell University Press: 93-111.

Turner, Victor 1969 *The Ritual Process. Structure and Anti-Structure*. Chicago, Aldine.

Van Gennep, Arnold 1986 *Übergangsriten*. Frankfurt/Main, Campus Verlag.

Vereni, Piero 1996 Boundaries, Frontiers, Persons, Individuals. Questioning "Identity" at National Borders, in: *Europae*, Vol. 2, Nr. 1: 77-89.

Viveiros de Castro, Eduardo 2004 Exchanging Perspectives. The Transformation of Objects into Subjects in Amerindian Ontologies, in: *Common Knowledge*, Vol. 10, Nr. 3: 463-484.

Waldenfels, Bernhard 1997 Phänomenologie des Eigenen und des Fremden, in: Herfried Münkler (Hg.), *Furcht und Faszination. Facetten der Fremdheit*. Berlin, Akademie-Verlag: 65-83.

Weber-Kellermann, Ingeborg (Hg.) 1978 *Zur Interethnik*. Frankfurt/Main, Suhrkamp.

Weidner, Stefan 2018 Gesegnet seien die Fremden, in: *The Turn. Zeitschrift für islamische Philosophie, Theologie und Mystik*, Vol. Zero: 25-37.

Weis, Stephanie 2003 Rezension zu: Rolshoven, Johanna (Hrsg.): Hexen, Wiedergänger, Sans-Papiers. Kulturtheoretische Reflexionen zu den Rändern des sozialen Raumes, in: *Volkskunde in Rheinland-Pfalz*, Vol. 18, Nr. 2: 179-181.

Wilson, Thomas M. 1993 Frontiers Go but Boundaries Remain. The Irish Border as a Cultural Divide, in: Thomas M. Wilson/M. Estellie Smith (Hg.), *Cultural Change and the New Europe. Perspectives on the European Community*. Boulder, Westview Press: 167-188.

Wilson, Thomas M./Donnan, Hastings (Hg.) 2005 *Culture and Power at the Edges of the State – National Support and Subversion in European Border Regions*. Münster, Lit Verlag.

Zillinger, Martin 2013 *Die Trance, das Blut, die Kamera. Trance-Medien und Neue Medien im marokkanischen Sufismus*. Bielefeld, Transcript.

www.ingramcontent.com/pod-product-compliance
Lightning Source LLC
Chambersburg PA
CBHW030553270326
41927CB00008B/1630